I0437702

No te quedes con la duda;
¡Pregúntale al psicólogo!

No te quedes con la duda; ¡Pregúntale al psicólogo!

Gabriel Bello Martínez

Copyright © 2014 por Gabriel Bello Martínez.

Número de Control de la Biblioteca del Congreso
de EE. UU.:   2014917810
ISBN: Tapa Dura   978-1-4633-9352-6
               Tapa Blanda   978-1-4633-9351-9
               Libro Electrónico   978-1-4633-9350-2

Todos los derechos reservados. Ninguna parte de este libro puede ser reproducida o transmitida de cualquier forma o por cualquier medio, electrónico o mecánico, incluyendo fotocopia, grabación, o por cualquier sistema de almacenamiento y recuperación, sin permiso escrito del propietario del copyright.

La información, ideas y sugerencias en este libro no pretenden reemplazar ningún consejo profesional. Antes de seguir los consejos o sugerencias contenidos en este libro, usted debe consultar a su médico personal, médico de la salud mental, psicólogo o psiquiatra. Ni el autor ni el editor de la obra se hacen responsables por cualquier pérdida o daño que supuestamente se deriven como consecuencia del uso o aplicación de cualquier información o sugerencia contenidas en este libro.

Este libro fue impreso en los Estados Unidos de América.

Fecha de revisión: 17/10/2014

Para realizar pedidos de este libro, contacte con:
Palibrio
1663 Liberty Drive, Suite 200
Bloomington, IN 47403
Gratis desde EE. UU. al 877.407.5847
Gratis desde México al 01.800.288.2243
Gratis desde España al 900.866.949
Desde otro país al +1.812.671.9757
Fax: 01.812.355.1576
ventas@palibrio.com
672773

ÍNDICE

EL IMPORTANTE TRABAJO DE SER PADRES DE ADOLESCENTES

"La duda, es el principio de la sabiduría."

Aristóteles

A lo largo de su vida, quizá no haya cambios tan impresionantes en el ser humano como en el periodo de gestación, y en la etapa de la adolescencia; en ambos eventos, la rapidez con la que se dan, y los cambios mismos, son espectaculares.

El niño al nacer, seguirá dependiendo totalmente del apoyo y cuidados de su madre para crecer y desarrollarse sanamente; al llegar a la adolescencia, este niño tendrá que dejar paulatinamente la cómoda dependencia materna, para darle paso a nuevos procesos, entre los más importantes, la madurez de carácter; aquí es donde inician muchos problemas en la relación padres-hijos, los adolescentes enfocados en desprenderse de sus padres para integrarse socialmente y madurar, y los padres resistiéndose, por creer que aún no están listos.

En este proceso de independencia y autonomía progresiva, se corren muchos riesgos, el principal, que el adolescente se cierre a la influencia formadora de sus padres, en un afán de demostrarse así mismo que no los necesita para nada, sin embargo, es cuando más requiere de orientación acertada, y de un liderazgo paterno comprometido.

Muchos adolescentes se quejan del trato que les dan sus padres, de la falta de confianza que les tienen, de las restricciones de las que son objeto, y de las consecuencias exageradas que les aplican cuando comenten alguna falta, exhibiéndolos como enemigos, y no como padres. Aún no conozco algún padre que conscientemente, decida arruinar la vida de su hijo por el tipo de disciplina que aplica, o el estilo de crianza que tiene, lo que si conozco y bastante, son padres con buenas intensiones, tomando decisiones equivocadas.

Escribí este libro con el propósito de que tú como padre, lo tengas como un manual de consulta; mi interés fundamental es que te sirva de apoyo en la toma de decisiones que día a día tienes que hacer, cuando hay adolescentes en casa.

A lo largo de mi carrera como psicólogo clínico especialista en adolescencia, me han hecho una innumerable cantidad de preguntas sobre diversos tópicos de la relación padres-hijos adolescentes; elaboré ciento seis preguntas que seguramente muchos padres harían a un profesional de salud mental, están clasificadas en los once temas de mayor interés en esta etapa del desarrollo como son: comunicación, desarrollo, disciplina, divorcio, educación, hijos adultos, noviazgo, padres en desacuerdo, sociabilidad, sobreprotección, redes sociales y videojuegos.

Al leer este libro, te identificarás con más de una de las situaciones que en su momento también me plantearon tanto padres como adolescentes, experiencias que al darle formato de pregunta, te permitirá una lectura más dinámica así como una comprensión más precisa; las respuestas están basadas en las casi veintiséis mil horas de consulta clínica que he tenido hasta hoy; lo que busco es contribuir directamente en la rápida solución de los conflictos que se dan, en hogares donde hay adolescentes.

Agradezco a mi esposa Hilda, su apoyo incondicional durante las intensas horas de trabajo para la realización de este libro, también le agradezco el empuje amoroso en los momentos de desánimo o cansancio que me supo dar; siempre motivada por la utilidad que tendría este libro, cuando estuviese en manos padres como tú, hoy esto es una realidad.

Estimados padres, ahora mismo les toca vivir la maravillosa responsabilidad, de influir en la vida de un joven que deberá forjar su propio camino; este adolescente seguramente tendrá éxito si crece en un ambiente cordial y lleno de afecto; bajo una tutoría paterna que no sólo se limite a dar información, sino a fomentar en sus hijos a través del ejemplo, el desarrollo de valores como: la comunicación, el respeto, el amor, la gratitud, la responsabilidad, el compromiso, el orden, la autodisciplina, y la generosidad.

Espero que este material cuidadosamente elaborado, se constituya en un cúmulo de herramientas, y se sume a los recursos que como padre ya tienes.

Te deseo lo mejor en tan importante trabajo, ¡ser padre de adolescentes!

COMUNICACIÓN FAMILIAR

"Recuerde que no basta con decir una cosa correcta en el lugar correcto, es mejor todavía pensar en no decir algo incorrecto, en un momento tentador."

Benjamín Franklin

Cuando algún desastre natural interrumpe las vías de comunicación entre las comunidades, la tarea principal de las instancias de gobierno, es restablecerlas de inmediato, de otra manera, sería casi imposible hacerles llegar la ayuda requerida.

Hay padres que cortan toda comunicación con sus hijos, después de algún evento desafortunado; quizá un mal comportamiento, alguna discusión o falta de respeto, etc., se sienten indignados al punto que deciden retirarles la palabra, me pregunto, ¿cómo es posible resolver el problema si no se hablan?

Como lo veremos en este apartado, la "ley del hielo" no aplica en la solución de conflictos.

Otros padres si se comunican con sus hijos, pero únicamente ellos hablan; este estilo de comunicación se le conoce como monólogo, no es recomendable porque los adolescentes quieren ser escuchados, a su manera, en su estilo y a su tiempo.

La familia es el centro de enseñanza de valores y principios, es el seno donde se fortalece la personalidad de los hijos mediante la asimilación de experiencias; aprendizajes significativos se dan hacia el interior de la familia, como: convivir, compartir, comprender, tolerar, amar, respetar, valorar, agradecer; también se aprende a ser paciente, a ser responsable, a ser leal y justo, etc.

Encuentro con muchísima frecuencia, familias padeciendo déficit de conectividad y comunicación; no tienen un vínculo sólido, porque no se comunican adecuadamente.

¿Por qué no dialogamos con los hijos adolescentes? Hay muchos factores que impiden una adecuada comunicación. Por un lado estamos los padres; llenos de ocupaciones, de estrés, cansados, y con poca tolerancia. Por otro lado están los hijos; también llenos de ocupaciones, metidos en sus intereses académicos o placenteros, quizá con miedo a dialogar, por las experiencias pasadas en las que salió regañado, con muchas recomendaciones, o hasta amenazado.

Es complicado dialogar con un adolescente, porque es un joven que hace juicios, su pensamiento ahora es más estructurado, usa la lógica y el sentido común de manera magistral.

Padres, entendamos lo importante de mantenernos en comunicación permanente con los hijos, de lo contario, no podremos hacer nuestro trabajo formador en ellos. Anímense a dialogar con sus hijos, es un ejercicio enriquecedor en todo sentido, es una herramienta eficaz cuando nuestro objetivo es formar en ellos, hombres y mujeres de éxito.

Yo era hija única, pero mi mamá decidió rehacer su vida con alguien más, y de esa relación vino mi hermanito que ya casi tiene un año, al principio yo estaba muy contenta, pero ahora ya no me siento parte de esta familia. ¿Cómo le hago para que mi mamá me vuelva a prestar la misma atención que antes?

Fuiste desplazada del primero y único lugar que como hija estabas ocupando, esto trajo consigo una carga emocional negativa que te está haciendo sufrir, al grado de ya no sentirte parte de la familia.

Te animo para que te acerques a mamá y le dejes saber cómo te sientes, quizá por estar tan ocupada no se ha dado cuenta que necesitas más atención; tener un bebito de casi un año, implica desgaste de energía, atención excesiva y especializada casi hora por hora, un bebito de esta edad es muy demandante.

No tengas temor de dialogar con tu mamá, dile que te regale cinco minutos, y exprésale tu sentir.

Tengo diecisiete años y soy hija única. Mi problema es que no puedo sostener una conversación con mis padres sin pelear, desde el momento en el que ellos llegan a casa, buscan cualquier pretexto para regañarme, y decirme lo que hice mal, o señalarme aquello en lo que no he cumplido, en lugar de saludarme y preguntarme cómo fue mi día. Todo esto me pone de malas y comienzo a maltratarlos. ¿Qué me recomiendas para que la relación mejore en casa?

Indudablemente ambas partes, necesitan detenerse y reflexionar sobre esta aparente intolerancia que experimentan.

Por un lado están tus padres; el ir y venir diario, las largas jornadas de trabajo, las preocupaciones por la economía familiar, incluso su misma edad, pudieran ser la causa de su intolerancia e irritabilidad; aunado a esto, llegar a casa y encontrar desorden, o sus indicaciones no cumplidas, es suficiente para entender el por qué tienen esa reacción.

Por otro lado estás tú; tu edad, tus preocupaciones de adolescente, el estrés por la escuela, la relación con tus padres, y el saber que están por llegar y que las cosas se pondrán mal, etc., entonces tu reacción también es emocional.

En ambos casos, nada de lo que les ocasiona estrés, justifica los malos tratos que se están dando, así que tomen tiempo para dialogar sobre esta situación, y lo que experimentan al ser tratados así, lleguen a nuevos acuerdos y sean muy tolerantes a la frustración. En particular a ti te recomiendo, cumplir responsablemente los compromisos que hagas con tus padres.

> *Tengo muy mala comunicación con mi hijo de quince años, está horas y horas encerrado en su cuarto escuchando música, literalmente no quiere hablar conmigo, no se por qué prefiere a esos músicos locos y drogadictos que a su madre. ¡Auxilio!, siento que lo estoy perdiendo.*

A los adolescentes les encanta pasar gran parte del día escuchando música, es uno de los intereses más fuertes en esta etapa, y como ya te diste cuenta, es música muy diferente a la que generalmente escuchamos los adultos. Esto los hace expertos en el tema, por eso se ofenden cuando nuestros comentarios sobre sus grupos o cantantes favoritos, son despectivos, carecen de fundamento, o son hechos con actitud negativa; nos consideran ignorantes y pasados de moda.

Si quieres mejorar la comunicación con tu hijo, te propongo una estrategia; interésate más sobre la música que le gusta, comienza por aprender cuál genero musical escucha, cuál es su cantante favorito, nombre de los grupos etc., investiga también sobre el origen de esta música, y ten detalles interesantes sobre todo esto. ¿Sabes qué sucederá?, lo sorprenderás, habrá tema de conversación y muy probablemente, la oportunidad de que tu hijo se abra a la comunicación contigo.

Mantenerse al margen de los intereses de los hijos, es un error que muchos padres están cometiendo, y que los lleva a pagar facturas muy caras, como tener escasa comunicación con ellos.

Sé que tengo un mal comportamiento en casa, pero de nada sirve que mi mamá me grite para que "me ponga las pilas". Me choca escucharla desde las seis de la mañana: "ya levántate", "baja a desayunar", "cepíllate los dientes", "apúrate o te quedas". Parecemos una familia de locos. Tengo dieciocho años y me da pena que mis padres se ocupen hasta de si "le bajé al baño" después de usarlo. ¿Qué puedo hacer para ayudar a mis padres y que dejen de gritarme?

Los gritos en casa, generalmente son el resultado de la frustración que sienten algunos padres cuando sus hijos no les hacen caso; el problema es que gritar se llega a convertir en un estilo de comunicación que hace estresante la convivencia, además que no resuelve nada, sólo frustra y enseña a gritar.

Lo que puedes hacer para que tus padres dejen de gritar, es adelantarte en el cumplimiento de tus deberes en casa, estoy de acuerdo que a los dieciocho años, debe dar vergüenza que te recuerden cepillarte los dientes, o cosas como esas, pero si no las haces, se frustran y te lo piden a gritos.

Te recomiendo que seas más responsable, pídeles que te den por escrito aquellas actividades que para ellos son importantes que cumplas en tiempo y forma, y asume el compromiso de hacerlo.

> *Tengo un hijo de catorce años al que cada día lo siento más distante de mí, en repetidas ocasiones me ha dicho que soy un padre aburrido, que sólo hablo de deberes y responsabilidades, la verdad que se me hace difícil interactuar con él porque de esas cosas de videojuegos y tecnología, no se nada, ¿qué puedo hacer para comunicarme mejor?*

Estamos formando hijos cuya adolescencia sobresale en tres aspectos: comunicación instantánea, demasiada información, y diversión digital.

Los niños y adolescentes de este siglo, están viviendo en un mundo totalmente diferente al que crecieron sus padres, por eso cuando intentas platicar con tu hijo adolescente, te sientes fuera de lugar, porque no hay un interés común del que puedan dialogar.

Comienza por actualizarte en el uso de la computadora, y aprenda a navegar en internet; hoy por hoy, el internet es un medio básico para obtener información, diversión y comunicación.

Date un tiempo y aprende a jugar videojuegos, anímate aunque no logres hacer un buen papel como jugador.

Hay mucho más que hacer, por lo pronto comienza con esto y al poco tiempo, no sólo la comunicación con tu hijo mejorará, también la relación entre ustedes.

Piérdale el miedo a la tecnología y así podrás estar más cerca de tu hijo adolescente.

> *Desde hace unos meses, no estamos teniendo una comunicación adecuada mi hijo de quince años y yo, creo que él ha llegado a una edad en la que no me quiere decir nada de lo que le sucede, para él todo es "no me comprendes". Si llegamos a platicar, es sólo por unos segundos porque él no me entiende, o yo no soporto su actitud. Quisiera saber si hay alguna forma de acercarme y poder dialogar sin terminar mal.*

La comunicación padres e hijos se afecta significativamente cuando llegan a la adolescencia. Muchas veces, los hijos no hablan con sus padres de lo que les está ocurriendo, porque se sienten incomprendidos, o poco valorados. Recuerdo que uno de mis pacientes me decía "no me gusta contarle mis problemas a mis padres, porque dicen que no son problemas reales", a esto sumemos la reacción emocional que los padres tienen, cuando su hijo le habla de drogas, sexo, noviazgo, pandillas, etc.

En segundo lugar, los hijos no hablan con sus padres porque no hay tema de conversación, o algún interés mutuo, es lamentable pero real.

Sugiero que comiences por entender, que estás frente a un adolescente con intereses y preocupaciones propias de su edad, con muy pocas ganas de platicar con su mamá.

Durante al diálogo, tolera muchas de sus actitudes o posturas negativas, y no le exijas un comportamiento de "adulto".

Infórmate sobre los temas de su interés ya sea moda, música, videojuego, etc., y ya con esta información, intenta platicar con tu hijo adolescente, observarás que la actitud de él será diferente y facilitará el diálogo.

> *Mi hija de diecisiete años tiene actitud negativa, y esto hace que no logremos comunicarnos, usa palabras que no me gustan, y dice que de todo me asusto o me enojo, que por eso ya no me platica nada. ¿Qué me recomiendas?*

Hay muchas cosas que debemos hacer para mantener un ambiente que facilite la comunicación, con algunas de ellas no están de muy de acuerdo muchos padres, porque creen que pierden autoridad, pero para mi es más importante el diálogo que los detalles o las circunstancias que rodean al diálogo.

Muchos padres no toleran la postura física y quizá negativa de su hijo adolescente mientras están dialogando, otros, caen en el error de exigirle un léxico de adultos, se les olvida que su hijo apenas es un adolescente.

Te recomiendo escucharla con atención e interés, no la interrumpa aún cuando ya sepas lo que te va a decir, cuida mucho tu expresión o lenguaje facial con los temas que ella esté tocando, no seas irónico cuando dialogues, y no termines dándole un sermón.

> *Somos padres de varios adolescentes, mi esposa y yo tenemos una frecuente discusión sobre el tiempo que debemos pasar con ellos, para mi, ya son grandes y me requieren menos, la prueba es que cada vez que intento acercarme a ellos, experimento un rechazo y mejor no lo hago más. Yo creo que debo darles tiempo de calidad y no de cantidad, entonces aprovecho unos cinco minutos al día para platicar con ellos sobre su escuela, y el comportamiento que tuvieron, mi esposa insiste en que debo acercarme más y pasar tiempo con ellos, aunque me rechacen. Usted qué opina, ¿tiempo de calidad o tiempo en cantidad?*

Los hijos requieren tiempo de calidad y tiempo en cantidad.

Supervisar tareas escolares, vigilar el cumplimiento de los quehaceres domésticos, conocer a sus amigos, llevarlos y traerlos de las fiestas, etc., son actividades que implican tiempo en cantidad.

Es importante tener salidas exclusivas con cada uno de los hijos, hablar sobre sus conflictos personales, darles apoyo emocional cuando estén tristes o deprimidos, contestar sus dudas, etc., para esto es el tiempo de calidad.

Tiempo de calidad es más allá de sentarse a platicar con ellos a la hora de dormir, o sobre cómo les fue en el día.

No esperen adolescentes tomando buenas decisiones, alejados de las drogas, y comprometidos con un proyecto de vida, pasando sólo cinco minutos al día con ellos.

Me quede sorprendido cuando un psicólogo me dijo, que mi hijo de quince años la había dicho en una consulta, "mi papá no está cuando lo necesito", es incongruente porque se la pasa encerrado en su cuarto, jugando videojuegos o escuchando música, no le importa si llego o no a casa, ni siquiera baja a saludarme. No se qué hacer, estaba convencido de estar haciendo bien mi papel.

Los adolescentes están súper ocupados, llenos de actividades que les encantan como el internet, la música, los amigos, la novia, su red social, etc., sin embargo, en medio de tantas cosas, también están pasado por desajustes emocionales todos los días, tratando de encontrarle sentido a su vida. Tener alguien que lo escuche, que lo comprenda, que lo consuele, que lo oriente, y que lo motive, es súper necesario.

No dudo que tú como padre estás haciendo un buen trabajo, pero ahora debes hacer un poco más; asegúrele a tu hijo lo importante que es él para ti, que harás todo lo que haya que hacer, para que no le falte nada, que una de las principales preocupaciones que tienes, es su bienestar, y lo más importante, que estás ahí para lo que necesite; no te frustres si no tiene iniciativa de iniciar el diálogo, sólo mantente dispuesto y disponible.

Cada día, mis dos hijas adolescentes están más intolerantes conmigo, me han dicho que ya las tengo enfadadas, que soy muy preocupona, que cuando se acercan a mi para comentarme algo o pedirme algún permiso, termino metiéndoles miedo para que se olviden de su plan. Me da tristeza que ahora comemos en silencio y rapidito, como que el ambiente pesa demasiado. Ya no quiero ser así, dígame ¿qué puedo hacer?

Entiendo tu preocupación, dos hijas en la edad más complicada, genera temor, sobre todo por las malas decisiones que pudieran tomar; déjame decirte que exagerar en la preocupación es enfermizo, te convertirás en fatalista y catastrófica. Muchos hijos adolescentes, no comentan mucho a sus padres de lo que les pasa, porque terminan regañados, advertidos, o asustados.

Toma ventaja de la confianza que aún te tienen tus hijas, déjales saber que confías en que aplicarán todo lo que les haz enseñado.

No utilices cada acercamiento para educar hacia el buen comportamiento, en su lugar, haz una junta con ellas y toquen específicamente ese tema, pero no lo hagas en momentos inoportunos.

Si te es difícil, te sugiero acudir a orientación psicológica para aprender a comunicarte con eficacia.

Tengo dieciocho años, y permíteme comentarte que mi papá tiene la costumbre de no hablarme cuando se enoja, lo hace como una forma de castigarme, ya sabes la famosa "ley del hielo" que sólo él y otros tontos creen que funciona; cómo vamos arreglar las cosas si no nos hablamos. Lo que más me molesta es que yo debo ser "la madura" que tiene que contentarlo y convencerlo, de que debemos hablar.

Creo que la "ley del hielo" sólo "congela" el problema, no lo soluciona.

Cuando un conflicto no se resuelve en el corto tiempo, tiene la tendencia a complicarse aún más. Me he encontrado con muchísimos casos como el tuyo, en donde los padres utilizan el silencio como estrategia; ya sea como una forma de evadir la solución o porque no saben cómo resolver el problema.

Padres que mediante esta tortura psicológica pretenden hacer sufrir a sus hijos, el silencio como castigo no funciona para ningún tipo de relación, porque sólo agrava el conflicto.

Que pena que sean los hijos los interesados en resolver los problemas de comunicación con sus padres.

Te felicito por el interés de pretender restablece la comunicación con tu papá, eso demuestra tu madurez; a tu padre le comento que nunca es tarde para reconocer el error en la comunicación y recomenzar; nunca es tarde para volver a intentarlo, pero ahora con una nueva perspectiva, debemos entender que es responsabilidad de los padres, mantener los canales de comunicación abiertos, pase lo que pase.

DESARROLLO NORMAL DEL ADOLESCENTE

"Los niños tienen más necesidad de modelos que de críticos."

Carolyn Coats

El escaso y erróneo conocimiento que se tiene sobre la adolescencia, hace más difícil el trabajo de los padres. Aunque ya fuimos adolescentes, como que "algo" pasó en nuestra memoria, que olvidamos que también lo fuimos. Los hijos ya dejaron de ser niños, y ahora necesitan padres con información actualizada, sobre el desarrollo normal de un adolescente.

El desconocimiento genera temor, dudas, indecisión, confusión, y hasta preocupación; por ejemplo, los típicos casos de "ya no quiere pasar tiempo con nosotros", o "ya no quiere darme mi beso de despedida", son situaciones propias de un adolescente en pleno desarrollo, el primero buscando independencia, y el segundo buscando una forma diferente de expresar el afecto.

Debemos actualizarnos en los grandes temas de la adolescencia como son: el crecimiento y desarrollo físico, los cambios psicológicos que experimenta y cómo lo impactan, la manera en la que se comunican hoy en día, los pasatiempos y nuevos intereses que le toman gran parte de su tiempo, la música que escuchan y cómo le afecta hasta su forma de vestir, la sociabilidad y cómo determina la toma de muchas de sus decisiones, su sexualidad y la manera en la que influye en su proyecto de vida.

El adolescente se da cuenta cuando su guía o líder es ignorante sobre él, y lo que está pasándole, entonces se frustra, se cierra, no participa, no se compromete; se siente ofendido de saber como una persona que lo desconoce, pretende guiarlo.

Si nos actualizamos adquiriendo información sobre gustos e intereses de nuestros hijos, tendremos más confianza en nuestras acciones, dándole una interpretación acertada al cambiante comportamiento, que día a día mostrará.

Tenemos un niño de trece años que no quiere crecer, al menos eso creemos, nos sigue pidiendo carritos, y prefiere la compañía de niños menores que él para jugar, se viste prácticamente como un niño de ocho años; dice que le da miedo ser adolescente como su hermano que hoy tiene ya dieciocho años. Nos hemos acercado para platicar con él, y cuando tocamos el tema de sus cambios físicos, se enoja y dice "¡ya te dije que no quiero crecer!", no sabemos qué hacer para que acepte que ya no es un niño.

Su hijo está pasando por una etapa en su desarrollo, que implica la conformación de su propia identidad y personalidad, para conseguirlo, primero debe decirle adiós al ser niño.

Él está viviendo un duelo por la pérdida de la condición infantil, esa dependencia materna tan acogedora y protectora, ya no será más, y esto le cuesta trabajo aceptarlo.

Cuando ve a su hermano mayor que tiene que tender su cama, servirse su comida, lavarse la ropa, salir con la novia, etc., lo que está viendo en realidad, son obligaciones y compromisos que le parecen demasiado para él.

Sugiero que no fomenten más su estado infantil, al comprarle juguetes de niño, chiquearlo, o asustarlo sobre lo que le espera.

Mejor acérquenlo al psicólogo para que reciba orientación profesional, y le pierda el miedo a esta maravillosa etapa llamada adolescencia, creo que todo pudiera resumirse en falta de orientación.

> **Soy una adolescente y quiero comentarle que me preocupa no hacer bien las cosas, quiero que mis padres sigan sintiendo orgullosos de mi. Me han dado todo en la vida que hoy quiero agradecérselos, ¿qué consejos me da?**

Ser una buena hija y tomar decisiones correctas, es la mejor forma de agradecer a tus padres todo lo que han hecho por ti, sin embargo, déjame darte algunas otras sugerencias:

- Ten buena actitud para con tus padres, ellos estarán presentes en las buenas y en las malas, estarán ahí para cuando los necesites.

- Ten mucha comunicación con ellos, deben saber qué está pasando en tu vida para poder intervenir con oportunidad, y esto se logra dialogando.

- Ten amigos, es importante, pero no dejes de pasar tiempo con tus padres, así que cuando te inviten a ver una película, diles que si.

- No mientas; es muy común esta práctica en la adolescencia, y se hace para no recibir recomendaciones o sanciones de parte de los padres, pero los padres se sienten decepcionados cuando se descubre que les mentiste, anímate a decir siempre la verdad.

Si aplicas estas recomendaciones, tendrás una adolescencia más tranquila, y sin tantas complicaciones.

Apenas mi hijo tiene trece años y ya nos dice que no lo comprendemos, sólo porque le pedimos que pase más tiempo con nosotros y no esté tanto en la computadora. Sus argumentos son tontos porque contesta, ¡quiero estar solo! No entendemos cómo un chico de esta edad, prefiere estar solo y encerrado en su recamara, que pasar tiempo con nosotros sus padres. Esto ya nos está queriendo frustrar. ¿Qué debemos hacer?

Permítanme decirles que tienen en casa es un adolescente, muy diferente a ustedes en gustos e intereses, ha dejado de ser niño.

Los adultos valoramos: la salud, la economía, el trabajo, los hijos, la pareja, nuestros padres, los amigos, nuestras creencias, y hasta nuestros compadres; valoramos cosas relacionadas al deber. Los adolescentes valoran: a sus amigos, su noviazgo, su deporte, el internet, su celular, la música, la televisión, los videojuegos, la moda, y hasta estar solos es algo valioso; los adolescentes valoran aspectos relacionados al placer. Ninguna de las dos generaciones está mal, ambos viven su momento.

Al entender que ahora tienen un adolescente en casa, que cada día busca ser más independiente física y emocionalmente, no se sentirán tan frustrados.

No se preocupen, es normal que un adolescente quiera estar cada día más, separado de sus padres.

Tengo problemas con uno de mis hijos adolescentes, tiene catorce años y es el menor de la familia. Dice que no lo entendemos pues quiere ponerse un tatuaje en el cuello, y un piercing en los labios, claro que es algo que no permitiremos pues no va con nuestros principios. Dígame ¿qué hacemos como padres?

Perforarse el cuerpo así como colocarse tatuajes, son intereses propios de muchos adolescentes, sin embargo, estas dos acciones, serán un conflicto más adelante.

Conozco jóvenes que están terminando la universidad y ahorrando dinero para quitarse el tatuaje, o reconstruirse el cartílago de la oreja por la expansión que se hicieron. Muchos adolescentes no quieren entender que perforados o tatuados, se colocarán en una posición de juicio ante una sociedad que es exigente en la buena apariencia y en las buenas costumbres.

Cuando los padres acceden a semejante petición, no se dan cuenta que orillan a sus hijos a etiquetarse negativamente, y con ello, cerrarse puertas de oportunidad.

Padres, manténganse en su principio de ¡no al *piercing* ni al tatuaje!

Somos padres de tres adolescentes, el más grande tiene diecinueve años, y el más pequeño doce, y nos ha sido muy difícil gobernarlos. Estos jóvenes pelean básicamente por tres cosas: por la ropa que se toman sin permiso, por el uso de la computadora y por los horarios para salir. ¿Qué nos recomienda hacer?

Hay que entender que aunque se trate de tres hijos en la misma etapa de adolescencia, cada quien requiere de formación y atención particular.

Las salidas o permisos para fiestas, deben ser otorgados de manera individual y de acuerdo a la edad; no es lo mismo permitir salir al de diecinueve que al de doce años, tanto el horario como la fiesta misma a la que se dirigen, son diferentes. Por ejemplo pueden permitir al hijo más grande, regresar de una fiesta a la una de la mañana; para el más chico la dinámica en relación a las fiestas cambia, primero la fiesta deberá ser para chicos de su edad, y segundo, es conveniente que lo lleven y lo recojan ustedes sus padres

Es común que peleen por ropa, sobre todo cuando comparten talla y gustos, así que establezcan el valor del respeto como principio fundamental en el hogar, reglamenten específicamente que "ningún hermano debe tomar la ropa del otro sin solicitarla", quien incumpla con esta regla, pagará una consecuencia impuesta por ustedes los padres.

Si sólo hay una computadora, determinen el tiempo de uso y el horario apropiado también a la edad, asegúrense de que sea del conocimiento de todos, usen una agenda y establezcan ahí el nombre y el horario permitido.

Ser padres no es fácil, mucho menos si son tres los adolescentes en casa.

Soy padre de un pequeño de nueve años, me aterra el solo hecho de pensar que un día será adolescente, y quiero saber por favor, ¿cuáles son las necesidades que debo atender cuando crezca?

Te felicito por la preocupación de quererte preparar desde ahora, creo que esto ya es un buen inicio.

¿Qué necesidades emocionales tiene un adolescente?

- Más espacio.

- Mucha comprensión.

- Mucha confianza.

- "Segundas" oportunidades.

- Tener una conexión emocional fuerte con sus padres, que le de seguridad en sí mismo.

- Tener acceso a sus padres las veinticuatro horas, mediante el diálogo.

- Ser tomado en cuenta en las decisiones familiares que lo involucran.

Estas son las necesidades emocionales básicas de un adolescente, atenderlas en tiempo y forma, deberá ser compromiso de los padres, así que felicidades por adelantarte a la adolescencia de tu hijo.

Nuestro hijo de trece años nos tiene sorprendidos porque él no era así, ahora ya no quiere acostarse cuando le decimos, no le gusta bañarse, se la pasa mucho tiempo encerrado en su cuarto oyendo música, y lo que más nos preocupa es que sólo quiere estar con sus amiguitos.

La descripción que me das de tu hijo de trece años, corresponde al comportamiento típico de un púber. Hay muchas cosas a saber sobre la pubertad; es una etapa llena de cambios impresionantes que no sólo afectan su físico, también sus emociones, forma de pensar y comportamiento.

La primera y quizá más importante tarea a realizar por ustedes sus padres, es cambiar el concepto que tienen de él, este comportamiento nuevo no es resultado de una actitud negativa, es la forma de decir que ha dejado de ser niño.

Aislarse, no atender las demandas o exigencias de sus padres y maestros, centrarse en placeres como amigos, música e internet, son de las primeras manifestaciones del comportamiento de un adolescente.

Si ustedes como padres entienden estos cambios, entonces su actitud para con él cambiará y les permitirá tener un acercamiento, y con ello, la oportunidad de ayudarlo a desarrollar sus nuevas habilidades, adecuar su comportamiento, y adaptarse a su nueva etapa de vida.

Soy un padre soltero, mis dos hijos de doce y trece años viven conmigo una semana, y la otra la viven con su mamá. Trato de ser responsable y buen padre la semana que están conmigo, pero últimamente se me ha dificultado, prefieren estar solos, se la pasan en su recamara. Antes, sólo con llegar conmigo se ponían felices, me los llevaba al parque o a la playa, y se la pasaban bien, pero hoy, eso ya no es posible. Dígame qué

debo hacer para volver a convivir con mis hijos como antes.

Sin lugar a duda tienes la experiencia de estar criando ahora, hijos que están entrando a la adolescencia. No es que quieran alejarse de ti al encerrarse en su recámara, están mostrando otra forma de relacionarse contigo; no te desesperes ni te sientas mal, es tiempo de aprender a ser padre de adolescentes.

Las habilidades a mejorar o cambiar totalmente son cuatro:

- Habilidad para fortalecer y mantener fuerte el vínculo emocional.

- Habilidad para comunicarte eficazmente con un joven que ahora hace juicios, usa su sentido común y lógica.

- Habilidad para crear una estructura formativa que implique: disciplina basada en reglas, límites y consecuencias adecuadas a la edad de tus hijos.

- Habilidad para negociar estratégicamente acuerdos.

Busca ayuda profesional para favorecer estos cambios en tu rol paterno, por lo pronto te animo para que leas mi libro *"Padres con sentido común"*, ahí encontrarás herramientas valiosísimas que te permitirán ser el líder que tus hijos necesitan.

La adolescencia es una etapa compleja y muy difícil de llevar, para aquellos padres que carecen de la información adecuada.

Somos padres de un jovencito de quince años, es nuestro único hijo y estamos interesados en mantenerlo alejado de las drogas. Sabemos que en las fiestas y hasta en las escuelas ofrecen marihuana y otras drogas, estamos conscientes de ello, pero no sabemos cómo darnos cuenta que las está usando. Lo único que hemos hecho, es revisar de repente sus cajones y mochila en busca de "algo" pero no encontramos nada. ¿Qué nos recomienda hacer, porque hasta nos da pena revisar?

Que bueno que existen padres como ustedes que prefieren prevenir que corregir.

Permítanme comentarles, tenemos el derecho reservado para sí, por el simple hecho de ser los padres, de saber qué entra y qué sale de nuestros hogares dentro de las mochilas de los hijos, agregaría que es nuestra responsabilidad; si las autoridades por medio del programa *"operación mochila"* revisan a los estudiantes, para prevenir el consumo y tráfico de drogas, ¿por qué nosotros los padres no hacerlo?, así que no se sientan mal por esto.

Es importante saber, cuáles son los principales cambios en el comportamiento de jóvenes que comienzan a consumir marihuana, para ello, acérquense a grupos especializados de ayuda en adicciones, ellos tienen la información precisa.

Padres, estemos alertas, quien consume marihuana, también consume sus sueños y ambiciones.

Tenemos tres jóvenes en casa, de catorce, de dieciocho, y de veinticinco años de edad, quien por cierto ya terminó su carrera.

Hay un tema en el que coinciden los tres: "la marihuana es saludable porque es medicinal". Nos frustra escucharlos tan convencidos de esta situación, y queremos hacer algo para convencerlos de lo contrario.

He escuchado con mucha frecuencia, a muchísimos adolescentes defender el consumo de marihuana, basándose en este y otros argumentos, que por nuestra ignorancia o falta de autoridad, ya nos están convenciendo a los padres.

La marihuana aunque llegue a ser legal en todo el mundo, no dejará de ser una sustancia tóxica que afecta las funciones cerebrales básicas como: la coordinación, la memoria a corto plazo, el equilibrio, el tiempo de reacción, la atención, el juicio, etc., afectando al estudiante en el corto tiempo, y colocándolo como potencial desertor escolar.

Padres, en sus dos hijos adolescentes se comprende esta postura, por la inmadurez que aún presentan a esa edad, ellos necesitan ver en ustedes un liderazgo sólido y comprometido, y de muchos principios, factores que los mantendrán bien orientados. Y en relación a su hijo adulto de veinticinco años, no es posible que siendo ya un profesionista, todavía no haya madurado lo suficiente, como para entender con más claridad los efectos nocivos de la marihuana. Él necesita más ayuda que sus hermanos.

DISCIPLINA FORMATIVA

"Una casa será fuerte e indestructible, cuando esté sostenida por estas cuatro columnas: padre valiente, madre prudente, hijo obediente, y hermano complaciente."

Confucio

Los tiempos aquellos en los que mamá solía quedarse en casa a cocinar, hacer los quehaceres domésticos y educar a los hijos, ya es asunto del pasado; este esquema familiar tradicional, hoy en día, está totalmente modificado; ahora el que ambos padres trabajen y pretendan formar hijos, es común.

Una de las principales consecuencias de esta nueva dinámica familiar, es que los hijos están buena parte del día, bajo la supervisión de terceras personas, quienes se encargan básicamente: del cuidado, la alimentación, y el entretenimiento de los hijos.

Las otras tres consecuencias de este nuevo estilo de vida son las siguientes:

Dedicarse exclusivamente a cuidarlo y complacerlo, porque creen que la guardería o sus cuidadores, ya están haciendo la parte formadora de disciplina y valores.

Mantener flexibilidad en relación a los límites y a las reglas en casa, o de plano no establecerlas, sólo porque no puedes con la culpa de ser un padre ausente.

Otorgarle dispositivos electrónicos a temprana edad, que tarde o temprano se convierten en la "nana", o en los "nuevos espacios" de entretenimiento

La disciplina, es fundamental para el éxito en la vida, pero en este nuevo esquema, ¿dónde está la disciplina?, no hay tiempo para tal cosa, sin embargo déjame decirte estimado padre, los niños que no crecen en una estructura familiar sólida, que contemple reglas, límites y consecuencias por sus faltas, tendrán más dificultad en lograr sus metas en la vida.

Los hijos necesitan amor; trátalos con respeto y cariño, no les grites, no los maltrates, no los compares con nadie.

Los hijos necesitan estructura; dos o tres reglas a cumplir, mucha paciencia para ver resultados, y constancia.

Tengo dos hijos que pelean por casi todo, el más grande que ya va a cumplir los dieciséis, todos los días se queja de que su hermano de ocho, le agarra sus pertenencias y se las daña, esto me desespera, entonces reviento y comienzo a gritarles. Últimamente como que están más insoportables, y me colman la poca paciencia que me queda. ¿Es malo decirle a estos chamacos que se retiren a su cuarto cuando se me acaba la paciencia?

Decirles que se retiren a su recamara pudiera ser una solución temporal, sobre todo, para que te tranquilices y puedas abordar el asunto más tarde, y no con tanta emocionalidad.

A los adolescentes, les molesta que no les hagan caso a sus quejas, entonces aumentan su nivel de frustración y con ello también, su nivel de agresión; así que llénate de paciencia, ármate de valor, y mete en control al niño de ocho años; este pequeño está en una edad en la que se le hace fácil agarrar todo y no cuidar las cosas. Él debe aprender a respetar las pertenencias de su hermano mayor; "pídelo prestado", "trata las cosas con cuidado", "toca antes de entrar", etc., son normas que deben regir el comportamiento de los hijos en casa.

Tenemos dos hijos adolescentes que tienen tres semanas sin hablarse, nunca antes había sucedido esto de no hablarse, siempre habían peleado pero hasta ahí; mi esposo y yo hemos tratado de reconciliarlos y nada, nos pidieron que no nos metiéramos porque era un asunto entre hermanos. Estamos preocupados y no sabemos qué hacer.

Los padres tienen la responsabilidad de establecer normas de comportamiento que regulen la relación entre los hijos, que les hagan mantenerse cómodos, dentro de en un ambiente de respeto.

Lo primero que deben hacer, es usar su liderazgo paterno y llevarlos a una reconciliación inmediata; los hijos se resistirán indudablemente, pero ustedes deben tomar la iniciativa, y no parar hasta que se reconcilien; ellos deben aprender que no hay cosa más importante, que la armonía entre los miembros de la familia.

Día a día, se deben fortalecer el respeto, el compañerismo, la generosidad, la comunicación y la confianza, estos son valores fundamentales para el buen funcionamiento de la familia.

Tengo un jovencito de catorce años, que se ha vuelto desobediente a más no poder, vivimos en casa de mis padres, porque aquí es más cómodo y me queda cerca todo, la tienda, mi trabajo y su escuela. Los abuelitos me han querido ayudar con la disciplina de mi hijo, pero tampoco a ellos obedece, tan mal está este chamaco, que hasta mis hermanos han intervenido castigándolo, y no hay cambios.

Cuando son varias las personas que dicen cómo y a qué hora deben hacerse las cosas, los hijos se confunden y terminan por no obedecer a nadie, como es el caso de tu hijo. Tú eres la única persona de quien debe recibir órdenes, pero tampoco te obedece porque ya te desconoció como figura de autoridad.

¿Qué debes hacer?

Primero explícales a los abuelos y tíos de tu hijo, que el apoyo que te han brindado ya no debe ser, que te dejen sólo a ti, la tarea de disciplinarlo.

En segundo lugar, regrésate a vivir a tu casa, tú y tu hijo deben establecerse como familia en su propio hogar, la comodidad que estás teniendo al vivir con tus padres, te está haciendo pagar una factura muy alta.

Por último, busca ayuda profesional para retomar la autoridad que como madre haz perdido.

> *Tenemos una jovencita que en los últimos meses anda muy irritable, todo le molesta, y lo peor es que a sus catorce años, ya se siente grande y con el derecho de decidir si obedece o no. La hemos castigado quitándole todo, cada vez que se porta mal, y no ha funcionado. Queremos saber ¿cómo ayudarle con esa rebeldía que no sirve para nada?*

La rebeldía que muestra su hija puede ser propia de la adolescencia que vive. Es importante que ustedes entiendan que rebelarse no es elección, es resultado de los cambios psicológicos que experimenta día a día.

Aprendan a tolerar gran parte de esa rebeldía; está en una etapa en la que nada le gusta, y todo le molesta, y si en estas condiciones le son restringidos sus privilegios, estará en una permanente frustración. Por otro lado, no pretendan que muestre un comportamiento de adulto siendo aún adolescente, sobre todo cuando esté dialogando con ustedes.

Tengo una hija de dieciséis años, que cuando está a solas con su hermanito pequeño, siempre lo hace llorar por cualquier cosa, claro que no lo tolero porque ella es la mayor, debe cuidarlo y asegurarse de que el niño la esté pasando bien, es un pequeño de 9 años que sólo quiere jugar con sus cosas, le he enseñado a compartir y ahora no lo está haciendo bien. ¿Cómo podemos ayudarla?

Cuando los hijos se convierten en adolescentes, son muy territoriales y celosos de sus pertenecías, es normal y forma parte de su desarrollo, si realmente tú como padre quieres ayudarla, toma nota de lo siguiente:

- El hermano, que por cierto no es tan pequeño, debe tocar la puerta antes de entrar a su recámara.

- No debe tomar cosas sin pedirlas prestadas.

- Si llora, no den por hecho que ella le pegó.

- Ella es responsable de que su hermano esté seguro bajo su cuidado, pero pretender que lo divierta, es demasiado, creo que lo más que hará, será cuidarlo y evitar que se meta en líos.

Tengo dos hijos adolescentes de quince y diecisiete años, y últimamente no se han estado portando bien, cuando llego a casa por las noches, su mamá me recibe con la clásica lista de las cosas que hicieron mal. La verdad no se qué hacer, le digo a ella que me deje llegar y saludarlos por lo menos, y que más tarde los corrijo, pero me insiste y hace

*presión para que los regañe, y al no querer
hacerlo, tengo conflictos con ella. Por favor
dígame, ¿qué podemos hacer?*

Déjenme decirles, mucho del éxito en cuanto a disciplina se refiere, es que ambos padres estén totalmente de acuerdo en la manera en la que disciplinarán a los hijos. Cuando no ocurre, además de convertir la disciplina en un evento frustrante, los hijos terminan haciendo su voluntad.

Tratándose de disciplina, son tres los pasos básicos que deben tener presentes:

- Establezcan las demandas y si es necesario, háganlo por escrito, reglamentando sólo lo necesario.

- Elaboren un listado de consecuencias con el fin de no estar inventando las sanciones al momento de la falta.

- Cuando falle al complimiento de una regla, apliquen la consecuencia, de lo contrario, su plan de disciplina quedará sólo en un buen intento.

*Soy padre de tres adolescentes, y la verdad no
los soporto, a uno por sucio y descuidado, y
a los otros por groseros y contestones. No sé
que hacer con ellos, hasta los amenazo con
pegarle o correlos de la casa si no hacen caso,
y nada. Los trato de disciplinar pero me ha
sido demasiado difícil.*

La disciplina no debe tener como meta dejarles en claro quién manda, ellos lo saben, otra cosa es que no te obedezcan.

La disciplina debe basarse en valores no en temores, los hijos deben obedecer a sus padres porque se les ha enseñado entre otros, el valor del respeto.

Debes conocerlos, no puedes esperar excelentes resultados tratando de guiar la vida de un desconocido, así que pasa tiempo con ellos.

Debes tener equilibrio emocional, no habrá resultados positivos en la disciplina si lo haces a gritos, malos tratos o golpes.

> *Mi esposo es muy duro con nuestro hijo, cuando este chamaco se porta mal, lo castiga de una forma muy agresiva, le quita las salidas del fin de semana hasta por un mes, tengo que intervenir dejándolo salir a escondidas de él. Dígame por favor, ¿cómo hago entender a mi hijo que debe obedecer y respetarnos?*

Aún con lo poco que me comentas, es fácil observar que tu hijo está creciendo entre la sobreprotección tuya, y el autoritarismo de papá, dos estilos de crianza dañinos para la formación de los hijos. Por otro lado, en el intento de que tu hijo obedezca, estás cometiendo uno de los peores errores tratándose de autoridad paterna, desautorizar a tu pareja.

La mayoría de los adolescentes, saben qué "cartas jugar" cuando tienen un aliado como lo eres tú, ¿sabes cuándo respetará y obedecerá a su papá?, nunca, sobre todo, si sabe que el castigo justo o injusto, le será levantado por ti.

Para fortalecer la autoridad paterna, entre muchas otras acciones, se deben poner de acuerdo en lo que esperan de su hijo, y respaldarse mutuamente en las demandas y consecuencias impuestas.

Anímense, su hijo aún es joven y está a tiempo de aprender a obedecer y respetar las figuras de autoridad de sus padres. Busquen ayuda profesional para modificar su estilo de crianza.

> *Tenemos un jovencito de quince años, que cada día está portándose peor, ya hemos probado de todo para que sea diferente; desde prohibirle salir, hasta dejarlo sin comer por un día, el colmo es que la semana pasada a pesar de que su papá le dijo que no tenía permiso para salir a jugar, se fue, y pues ya sabe, le tuve que pegar fuerte. No sé qué tiene en la cabeza, recuerdo que mi mamá sólo me daba uno, y así entendía más rápido. Ya estamos cansados y se nos ha ocurrido meterlo a un internado de adolescentes para que aprenda, ¿conoce algún lugar que nos recomiende?*

La formación de los hijos, es trabajo exclusivo de sus padres, no estoy de acuerdo en que los hijos sean internados en algún centro para que aprendan a portarse bien, se deben agotar todos los recursos, y si el comportamiento inadecuado continua, quizá se trate de algún trastorno en la personalidad.

Es común que muchos padres criados a base de golpes, repitan el modelo con sus hijos, para enseñarlos a ser obedientes, responsables y respetuosos; quienes fueron criados así, ya olvidaron que no se trataba de respeto sino de miedo a sus padres; se fue desarrollando además, un fuerte resentimiento hacia la persona, porque después de tremendas golpizas, le decían "te pego porque te quiero", "tú te lo buscaste", "yo no te quería golpear".

Los hijos que son golpeados por sus padres como método de disciplina, acumulan grandes dosis de agresividad y frustración.

Cuando el golpe "es lo único que funciona", es señal de que de disciplina formativa, sabemos muy poco. Busquen ayuda profesional de inmediato.

> *Tengo todos los aparatos electrónicos que puede tener un adolescente de quince como yo, pero no los puedo usar porque siempre están castigados. Cualquier mala conducta por pequeña que sea, es suficiente para castigarme los aparatos electrónicos. Me compraron un teléfono moderno como regalo de cumpleaños, y ese mismo día, mi hermanito quería agarrarlo a fuerzas con las manos mojadas, así que se lo arrebatá para protegerlo porque les afecta el agua, pero mi mamá creyó que estaba siendo agresivo con mi hermano, entonces dijo "el teléfono estará castigado por un mes"; pobrecito teléfono, apenas tenia unas horas de vida y ya está castigado.*

Algunos padres tiene poco conocimiento sobre disciplina para adolescentes, el retiro de privilegios como consecuencia, funciona a la perfección con pequeños, pero con adolescentes, no se debe utilizar en todos los casos, sólo los frustra y por lo mismo, no se da el aprendizaje esperado.

Tratándose de adolescentes, el retiro de privilegios aplica si dicho privilegio, está implicado en la falta a la regla, por ejemplo; ¿cuándo podemos retirar la *compu*? cuando se está haciendo mal uso de ella, como ver pornografía.

Otro modelo de sanción para adolescentes es resarcir el daño, este modelo aplica perfectamente en el conflicto que se dio entre tú y tu hermano menor; bastaba con pedirle disculpas por el jaloneo y prometer no volver hacerlo.

Recuerdo el caso de un joven que tenia permiso de ir a la fiesta de quince años de su mejor amiga, pero un día antes le hicieron llegar la boleta de calificaciones al papá, y cuál va siendo la sorpresa de encontrarlo reprobado en cinco materias, ya te imaginas cuáles fueron las consecuencias, por supuesto, no asistir a la fiesta.

Estimado adolescente, sugiere a tus padres leer mi libro *"Padres con sentido común"*, en él aprenderán estrategias, para disciplinar a un adolescente, se los recomiendo ampliamente.

Estamos preocupados porque nuestro hijo de dieciséis años, no nos obedece en lo absoluto. Cuando logramos que nos ayude en los quehaceres de casa, lo hace con una actitud negativa y aventando las cosas; esto nos desagrada al punto que mi esposo termina pidiéndole que se vaya a su cuarto, yo no estoy de acuerdo en eso, porque creo que debemos obligarlo. ¿Qué nos recomienda hacer para que nuestro hijo entienda que debe participar con buena actitud en los quehaceres de casa?

Los quehaceres domésticos, son responsabilidad de todos los que habitan el hogar, no son exclusivos de mamá. Cuando los hijos escuchan "puedes ayudarme por lo menos a lavar los platos", entienden que no es su obligación, que harán un favor, y que pueden negarse a realizarlo.

Los quehaceres domésticos son deberes que implican compromiso por el bien común, y la mayoría de los adolescentes no están comprometidos en el hacer cosas para beneficio de todos; por naturaleza son egocéntricos y un tanto egoístas.

Los padres deben entender esto y ser firmes, exigiéndoles su participación en los quehaceres de casa.

¿Qué hacer?:

- Apóyense como padres, deben formar un frente común y estar de acuerdo en lo que exigirán a los hijos.

- Repartan las tareas equitativamente, y de acuerdo a la edad de los hijos, nunca por genero porque fomentarían el machismo.

- Manténganse firmes en la demanda, entiendan que los hijos, buscarán no hacerlo o hacerlo mal, para evitar la tarea.

- Sean pacientes para ver resultados, los adolescentes son aprendices y con mala actitud, así que denle su tiempo.

- Esperen algunos retrocesos, su interés por los quehaceres domésticos no es fuerte, así que tarde o temprano intentaran desistir.

Nuestros hijos adolescentes hacen lo que quieren, cuando quieren y como quieren. Se nos ha hecho muy difícil hacerlos entender que deben ser buenos niños; hace unos días me senté a platicar con el mayor, y le suplique que se portara bien, y no me hizo caso. ¿Cómo podemos hacerle para imponernos?

Imponerse no es la solución, y tampoco pedirles "que sean buenos niños". Lo que se debe hacer es fortalecer el principio de autoridad paterna, y desde ahí, lograr autodisciplina en ellos.

Pretender corregir a los hijos por medio de gritos, amenazas, golpes, imposición, intolerancia y demás abusos, refleja la ausencia de autoridad, es cansado para ambas partes, y lo peor de todo, desgasta la relación.

Es importante establecer las bases para que la autoridad paterna sea reconocida y valorada por los hijos, esto se logra mediante: dialogo, negociación estratégica, amor y disciplina formativa.

No tomen la decisión de abandonar su tarea formadora sólo porque "ya están cansados", ni cometan el error de decirle a su pareja "mejor dile tú, porque a mi ya no me hace caso", los hijos siempre irán contra los límites que establezcan sus padres.

Para tener éxito en la disciplina, y que su autoridad se vea fortalecida, es necesario: ser tolerantes a la frustración para no enojarse, ser pacientes hasta ver resultados, formar un frente común que contenga el ímpetu del adolescente, y establecer una estructura disciplinaria, en base a reglas, horarios, límites y consecuencias.

Lograr un liderazgo paterno con autoridad, es complicado, pero súper necesario, si lo que desean son hijos emocionalmente sanos.

PADRES EN DIVORCIO

"El fracaso, es una gran oportunidad para empezar otra vez con más inteligencia."

Henry Ford

La institución social reconocida como matrimonio, está pasando por un mal momento; en los últimos años, por lo menos en México, el índice de divorcio ha aumentado considerablemente; cada día son más las personas que deciden disolver su relación de pareja, y en este proceso de reorganización, le dan paso a una nueva estructura social, la familia monoparental. Es un hogar guiado principalmente por uno de los padres, quien es el encargado de cuidar, alimentar, y educar a los hijos.

En teoría, el fracaso como pareja no debería implicar fracaso como padres, sin embargo en la práctica observamos lo contrario; hijos experimentando abandono físico y emocional, abuso psicológico, maltrato, etc., sólo porque sus padres, siguen emocionalmente enganchados a sus ex parejas, y no han logrado superar el tema del divorcio.

Es poco común encontrar padres cumpliendo con la manutención de sus hijos en tiempo y forma, comunicándose con ellos sin que se les presione para que lo hagan, cuidando que sus hijos no se sientan ni culpables ni responsables del divorcio de sus padres, y con un excelente entendimiento con su ex pareja, todo por el bien de sus hijos. Felicito a todos aquellos hombres y mujeres divorciados, que cumplen cabalmente con su rol de padres.

El verdadero fracaso, no es que se haya perdido la relación de pareja que se tenia, más bien es no darse cuenta, que a los hijos se les derrumbó su mundo.

Hagamos todo lo posible porque los hijos sufran menos, este penoso proceso llamado divorcio.

Soy un padre preocupado por mis dos hijos, mi esposa y yo estamos en una especie de medio divorcio desde hace tres años, aún vivimos juntos, pero ha ido creciendo la tensión entre ella y yo, y por supuesto, con los hijos también. Es una situación de peleas diarias, por cualquier tontería hasta con el sartén nos tiramos, ya no la soporto, y la verdad estoy aquí por dos razones muy importantes, mis hijos y la venta de la casa. ¿Qué me sugiere que haga para disminuir un poco los malos momentos de esta relación, y no afectar tanto a nuestros hijos?

No hay mucho en lo que te pueda ayudar, los hijos se afectan cuando hay divorcio, es una regla que no cambia, lo que sí cambia es el nivel de afectación que experimentan, ésta es directamente proporcional a lo complicado de la separación.

Hablas de divorcio cuando todavía viven juntos, lo peor del caso es que así están por más de tres años, esto no es un divorcio, es una relación enferma que necesita ayuda profesional para disolverla, y guiarlos hacia acción definitiva de divorciarse, un divorcio implica separación total. ¡No hay medios divorcios!

Tomen la iniciativa de buscar ayuda, y hagan algo diferente por el bien de todos.

Por ahora lo único que puedo decirte es que evites involucrar a tus hijos más de lo que ya están, no discutas con tu esposa delante de ellos.

Los hijos se afectan muchísimo más, permaneciendo en una familia con dinámica como la de ustedes, que viviendo con padres divorciados.

> *Tengo un sobrino de diecisiete años que está teniendo problemas de comportamiento en la escuela, es muy agresivo con sus compañeros, y de repente lo han visto un poco triste. Me preocupa mucho que esté pasando esto precisamente ahora que sus padres están divorciándose. Dígame ¿de qué manera puedo ayudarlo?*

El comportamiento de tu sobrino, si es muy probable que esté relacionado con la separación de sus padres; es uno de los eventos que más daño hace a los hijos, sobre todo si se da durante la adolescencia. Hay que entender que ya existe un desajuste emocional propio de esta etapa del desarrollo, y al agregarle la separación de los padres, complican totalmente la existencia de tu sobrino.

Te animo para que te acerque a los padres de este joven, y les comentes la necesidad de recibir ayuda profesional.

Es importante que los padres vivan su separación, al margen de gritos y malos tratos; cuando los padres arreglan sus diferencias de divorcio frente a los hijos, o cuando hacen confidente a uno de ellos, le están causando un daño emocional importante

Te felicito que como tío, te preocupes por él, ojalá y hubiera más tíos así.

> *Soy un joven de dieciocho años, y resulta que mis padres se acaban de separar, mi padre se*

fue sin decir nada. Para mí es muy doloroso ver a mi mamá sufrir por esta situación, me preocupa saber qué será de ella en el futuro. Ahora me estoy enterando realmente cómo era su relación. ¿Qué hago para ayudar a mi mamá?

Con mucho respeto te digo, la separación de tus padres es un asunto que a ti no te corresponde resolver.

Lamentablemente ellos te han involucrado más de lo debido y esto ha sido un grave error. No te preocupes por problemas que dos adultos no quisieron o no pudieron resolver, ese es un asunto que sólo les compete a ellos. No estoy diciendo que ignores el sufrimiento de tus padres, pero querer resolver el problema del "futuro incierto" de tu mamá, es un asunto que sólo a ella le corresponde.

Lo que puedes hacer, es conseguirles el teléfono de un psicólogo para que de manera profesional, él se encargue de orientarlos.

Comprobé lo que venia sospechando desde hace unos meses, mi esposa tiene otra relación con una persona de su empresa, le pedí que agarrara sus cosas y se fuera, que me voy a quedar con mis hijos y jamás la volverán a ver, no se lo merece. No se qué hacer en este momento, o cómo explicarle a mis hijos que ella es la culpable y que no merece que la respeten.

Sentirse traicionado y engañado enciende la ira, lo que no permite fluir pensamientos racionales, algo que se necesita tanto en este tiempo de toma de decisiones inteligentes;

la ira es la emoción del momento, y en estas condiciones, no recomiendo ninguna acción más allá de buscar ayuda psicológica para poder estabilizarte.

Poner a los hijos en contra de su mamá, es lo peor que puedes hacer, aunque "se lo merezca", no es adecuado, considera primero que tus hijos no tienen la culpa de esta situación, ya están sufriendo al contemplar la desintegración de su familia, y ahora más, ante la posibilidad de perder contacto con su mamá.

Ya en la psicoterapia, se tocará el tema con los hijos, y con las técnicas adecuadas se les llevará a entender su nueva realidad.

Estimado padre, busca ayuda de inmediato, antes de cualquier decisión que pudiera empeorar las cosas en todos los sentidos.

> *Tengo dieciséis años, y estoy harta de la relación que llevan mis padres. Ellos están separados desde hace tres meses, mi mamá me contó que mi papá la engañó con mi tía, y ya se imaginará el problemón que se vino en mi familia, esto me hizo odiar a mi padre por habernos fallado como dice mi mamá. Mi mamá me presiona para que le pida dinero, para que le diga esto o aquello, y no me gusta porque creo que ella debe decírselo, sólo me estresa saber que tengo que pedirle hasta para las tortillas, por favor cómo le digo a mi mamá que no me haga hablar con mi papá.*

Desafortunadamente vives el clásico mal manejo de una separación o divorcio, esto te mantiene triste y frustrada;

por lo menos identifico en tu historia, tres grandes errores que tu mamá ha cometido:

- Hacerte partícipe de su frustración al permitirte saber la historia. No digo que nunca debes saber la razón de la separación, más bien creo que no es el momento ni la forma en la que te tienes que enterar, de los problemas entre ellos.

- Hacerte creer que tu papá te falló a ti. Tú misma dices que era un buen padre al estar involucrado en tus asuntos, sin embargo cuando los padres utilizan términos en plural como "nos fallo", "nos engaño", "nos dejo por otra", etc., sin proponérselo están envolviendo a los hijos, en un rol que no les corresponde.

- Utilizarte como medio de comunicación con papá. La responsabilidad de comunicarse con su ex pareja para resolver situaciones propias de padres, es precisamente de mamá.

Dile a tu mamá que necesita ayuda profesional para superar este momento tan difícil en su relación, ellos como pareja necesitan ponerse de acuerdo para beneficio de ustedes los hijos, un intermediario profesional podría ayudarles bastante.

> *Mi mamá vive enojada con mi papá desde hace años, su principal pelea es por el dinero, están divorciados y siempre me ha usado para presionarlo, la clásica "si necesitas pídele dinero a tu papá", "dile a tu papá que por qué no nos ha depositado", "si tan sólo tu padre fuera más responsable y nos diera más*

dinero", y puras de esas. Por favor ¿qué puedo hacer para ayudar a mis padres para que entiendan que son sus broncas y no las mías las del dinero?

Definitivamente el tema del dinero y la manutención de los hijos es asunto exclusivo de los padres. En la mayoría de los casos se usan a los hijos como mensajeros u objeto de presión, "porque solo así me da dinero", sin embargo desconocen el daño psicológico que ocasionan en los hijos, cuando les encomiendan la penosa tarea de rogarle a su padre, la obligada manutención.

Padres divorciados, por encima de la necesidad de estar separados para ser felices, está la necesidad de que a los hijos no les falte nada. Cuando un padre no aporta lo suficiente económicamente hablando, le priva al hijo de oportunidades de desarrollo que padecerá y lamentará a lo largo de su vida, los padres que no participan de la manutención o lo hacen de manera irregular, hacen más que daño psicológico, les niegan a sus hijos oportunidades educativas y culturales esenciales para tener éxito en la vida.

Padres divorciados, sean responsables con los hijos que trajeron al mundo, no importando que ahora, ustedes ya tengan otra familia.

Tengo diecisiete años, y ya no sé qué hacer con mi situación; vivo con mi mamá y su nuevo novio, el problema es que este señor se cree mi padre, me quiere poner reglas y mandar como se le antoje, incluso ya nos hemos llegado a faltar el respeto, lo peor es que se mete a mi cuarto sin tocar la puerta según para sorprenderme por si estoy haciendo algo malo, y mi mamá no dice nada. Solo anduvo con él dos meses y ahora ya vive con nosotras, yo ni lo conozco, por eso no me siento tranquila, no le tengo confianza.

Lamentablemente tu mamá no está haciendo las cosas del todo bien. Tanto derecho tiene ella de vivir una relación y ser feliz, como tú de ser tratada con respeto y sentirte cómoda en tu propia casa. Desde mi opinión y sin saber mucho de la historia de la relación que lleva tu mamá, dos meses de noviazgo y "vente a vivir con nosotras", me parece riesgoso, sobre todo porque no vive sola.

Es importante que platiques con tu madre y le expongas de nueva cuenta tu sentir, dile que no estás tranquila, que te sientes insegura con su novio en la casa, si aún sigue con dudas tu mamá, sugiérele que acuda a orientación profesional, un psicólogo les dará estrategias para manejar esta situación.

No dudo que el novio de tu mamá tenga buenas intenciones para contigo, pero no lo están haciendo de la forma correcta.

Estoy a punto de casarme con una mujer a la que amo, tenemos muchos planes y entre ellos formar una familia y ser felices. Quiero ser un buen padre para sus hijos; el pequeños tiene seis y el mayor once años, me llevo más o menos bien con ellos. No me importa que vean a su padre los fines de semana. ¿Qué recomendaciones me puede dar para ser un buen padre, y no tener conflicto con ellos?

Debes tener presente que los niños tienen a su padre biológico quien está involucrado en su desarrollo. Entiendo el deseo que tienes de ser un buen padre, sin embargo, su padre a quien por cierto ven todos los fines de semana, es insustituible.

A ti te toca ser únicamente guía, modelo, consejero y amigo de esos niños, porque el papel de proveedor generalmente le corresponde también, al padre biológico.

Mis tres recomendaciones para ti, son:

- Respalda totalmente la disciplina impuesta por los padres de estos niños.

- No interfieras en las decisiones que los padres tomen para la educación y formación de sus hijos.

- No obstaculices las salidas, visitas o llamadas que los niños hagan con su padre.

    No te sienta menos por ser únicamente pareja de la mamá, con el tiempo, también estos niños te verán como alguien muy importante para ellos.

LOS ADOLESCENTES
Y LA ESCUELA

*"Nunca consideres el estudio como un deber,
sino como una oportunidad para penetrar
en el maravilloso mundo del saber."*

Albert Einstein

Está comprobado, tener un coeficiente intelectual elevado, no garantiza el éxito académico. El desempeño académico está íntimamente relacionado al tiempo que pasa el alumno estudiando, haciendo sus tareas, y leyendo sus clases, se de muchísimos casos en los que los alumnos, al confiar en su sobrada inteligencia, lo único que consiguen son resultados mediocres, porque simplemente no estudian.

Uno de los grandes compromisos que deben hacer los padres de adolescentes, es lograr en sus hijos buenos hábitos de estudio, porque están pasando un proceso de cambios psicológicos, físicos, y sociales, que los distrae constantemente, haciendo que esta etapa del desarrollo, complique su trabajo como estudiantes.

Los hábitos de estudio generan organización, responsabilidad y excelente desempeño académico; el problema es establecerlos en ellos, dado que la rebeldía e inestabilidad emocional que viven los púberes y adolescentes, hace que rechacen cualquier intento de ayuda, porque lo interpretan como intento de control.

Los padres que quieren que sus hijos vayan bien en la escuela, deben ser firmes y constantes en el establecimiento de hábitos de estudio, pero antes, deben estar plenamente convencidos, que estudiar, es la única opción para tener éxito en la vida.

Ya no es como antes donde sólo con terminar la primaria, ya estabas listo para hacerle frente a la vida, se acabaron esos tiempos; hoy en día, quien no tiene una carrera profesional terminada, verá muy complicada su vida en general, a menos que tenga un padre que le herede sus negocios, pero aún así, la preparación académica es importante para mantener a flote esos negocios, y hacerlos crecer.

Si tienes un hijo que constantemente dice "mamá, la escuela no es para mi", lejos de creerle, asegúrate de estar favoreciendo la estructura necesaria y los recursos apropiados, para que su rendimiento académico sea óptimo, comenzando con buenos hábitos de estudio.

Tengo muchos problemas con mis padres porque estoy reprobado en casi todas las materias, siempre ha sido la misma cosa en las escuelas en las que he estado, se me ha hecho muy difícil aprender, voy a cumplir dieciséis y aún sigo en tercero de secundaria. Los maestros se quejan de que no trabajo en clase, dicen que no entiendo, y me tachan de irresponsable. Mi papá no me baja de flojo y bueno para nada, y mi mamá me castiga dejándome encerrado en casa sin salir con amigos a divertirme. Ya estoy harto de ir a la escuela, y de no poder aprender, ¿por qué nadie me entiende?

Ante una historia tan triste como estudiante, es obvio que te pasa algo más que el sólo hecho de ser flojo. Si se te ha hecho difícil aprender a lo largo de los años, es muy probable que padezcas de algún trastorno ya sea en el comportamiento o en el aprendizaje.

Las dificultades para aprender pueden tener su origen en problemas de lectura, escritura, cálculo y hasta déficit atencional, todo esto interferirá directamente en tu rendimiento académico, dificultando un adecuado desarrollo como estudiante.

Sugiero a tus padres acercarse a un psicólogo para comenzar con la ayuda de inmediato, dado que los trastornos no tratados oportunamente, producen además del retraso educativo, desmotivación por la escuela.

Cuando un estudiante refiere problemas para aprender, y que esto sea típico en él, no debemos reducir el tema a problemas de actitud o flojera.

Soy un estudiante de preparatoria, y no me ha ido nada bien, así estoy desde que comencé el semestre, los maestros dicen que no me ven interés, y la verdad me siento frustrado. ¿Qué puedo hacer para ser un buen estudiante?

Permíteme darte algunas recomendaciones que aplican a cualquier grado académico:

- Entra a todas tus clases, no tiene sentido ir a la escuela y quedarte fuera del salón.

- Ten tus apuntes completos, toma notas bien organizadas de tus clases.

- Siéntate al frente, de preferencia lo más lejos de los platicadores y de tus amigos.

- Participa en todas las clases, de esta manera reforzarás el conocimiento.

- Haz todas tus tareas, no las dejes para al ratito, para en la mañana o para copiarla al llegar a la escuela.

- Despeja tus dudas en el salón de clases, irte con dudas es como no haber ido a clases.

- Que tu centro de reunión sea la biblioteca, no la cafetería, muchos estudiantes ingenuamente creen que ir a la escuela, es únicamente para socializar y divertirse.

- Estudia por hábito, que sea siempre a la misma hora, en el mismo lugar, todos los días.

- Adopta un método de estudio, de nada sirve que te sientes a estudiar cuando no sabes cómo hacerlo.

Tenemos dos adolescentes de dieciocho, y dieciséis años, son muy fiesteros, quieren salir todos los días, y no les importa tener bajas calificaciones. Saben que la preparatoria requiere de más esfuerzo, pero les da igual, no estudian ni hacen tarea. Hablamos con ellos y les dijimos o le echan ganas o los vamos a sacar a trabajar, no sabemos cómo convencerlos de que la escuela es importante.

Efectivamente la escuela es importantísima para lograr un mejor nivel de vida, y así tener mejores opciones de empleo, sin embargo, sus hijos ya dieron muestra de que el método por persuasión que ustedes están usando, no funciona en ellos.

Cuando un adolescente es controlado por el comportamiento placentero de salir a fiestas, es muy difícil que entienda que debe hacer su tarea y esforzarse más para ir bien en la escuela. En otras palabras, no esperen que ellos tengan la iniciativa de ponerse a estudiar, mientras su interés supremo sean las fiestas

Les sugiero reglamentar tanto las salidas a fiestas, así como el tiempo de estudio. Por ejemplo: establezcan un horario para que se sienten a estudiar todos los días, hacer su tarea y leer, que sean durante noventa minutos. Y las salidas, reglamenten una sola el fin de semana, con horario de regreso de acuerdo a la edad de sus hijos.

Ya no se desgasten tratando de persuadirlos, ahora toda su energía enfóquenla, para que estos jóvenes obedezcan estas dos reglas

Me acabo de enterar que no pasé mis exámenes extraordinarios y que ahora estoy fuera de la escuela, porque debía otras materias, la vida se me ha complicado de verdad, no me queda más opción que repetir el semestre y me parece un desastre. Voy a entrar a otra escuela porque en esta me da pena que me vean repitiendo. Estoy totalmente desanimado y he llegado a creer que no soy bueno para estudiar.

Si llegaste hasta la preparatoria significa que tienes capacidad para aprender, lo que probablemente sucedió fue que no te enfocaste adecuadamente y se te salió de control. Estoy de acuerdo contigo de que repitas el curso en otra escuela, es el primer gran cambio favorable, así estarás lejos de los amigos que quizá, no ayudaron mucho en el semestre pasado.

Asegúrate de hacer tus tareas, leer y estudiar todos los días, que sea tu prioridad; no los videojuegos, no las redes sociales, no la flojera.

Cuando haya conceptos que no entiendas, pregunta de inmediato, no te quedes con dudas porque después se convierten en problemas.

Si de plano alguna materia se te dificulta, busca asesoría, todas las escuelas cuentan con este tipo de apoyo para sus alumnos.

Cree firmemente que puedes y tienes la capacidad para salir adelante, la actitud positiva favorece la iniciativa para hacer estos cambios.

Tengo una hija adolescente de quince años que no va bien en la escuela, creo que anda de novia porque se la pasa hablando por teléfono todo el día con un jovencito, casi no hace tareas, y de estudiar ni se diga, no agarra un libro para nada, todo es novio, la he cachado hablando a las dos de la mañana. Ya la regañe y castigue, y nada. Estoy desesperado porque nada me funciona.

Entiendo tu frustración pero no vas a conseguir nada así, debes asumir un liderazgo paterno asertivo, para ser más eficaz.

Confróntala en el tema del noviazgo, es muy probable que se trate de un novio que tiene a escondidas, esto es riesgoso porque como padre no te enteras de nada, así que platica con ella y reglamenta esa relación.

Fíjales horario para hablarse por teléfono durante el día, y por la noche, restríngelo, ella necesita descansar para poder rendir en sus clases.

Lo que se busca con esto es que su noviazgo no interfiera tanto con el importante rol de ser estudiante; ella debe tener tiempo suficiente para hacer sus quehaceres en casa, hacer sus tareas y para dormir.

Estoy en la universidad, estudiando una carrera que es el deseo de mis padres, a mí no me interesa nada que tenga que ver con estudiar, yo prefiero trabajar y comenzar a ganar dinero, que estar sentado en un escritorio escuchando como hablan y hablan los maestros. El problema es que siempre tengo que cumplir los deseos de mis padres, y la verdad me molesta que no les interese lo que yo quiero hacer.

Estás frente a uno de los grandes eventos en la vida, tu carrera profesional, sin embargo, la estás cursando con mucho resentimiento hacia tus padres, por no haber tomado en cuenta tus intereses vocasionales.

Elegir la carrera de los hijos, es un grave error que aún cometen algunos padres; este es un interés profundamente ligado a la vocación que cada joven experimenta, en otras palabras, elegir es asunto tuyo y de nadie más.

Es importante determinar entonces, si tu desinterés por estudiar tiene que ver con el coraje que tienes hacia tus padres, o realmente es problema de vocación.

Estar sentado en un salón de clases es más productivo de lo que te imaginas, te estás haciendo de conocimiento que después se convertirá en dinero. Trabajar ahora mismo, es engañosos por lo inmediato de la gratificación que representa, ganar algo de dinero.

Tus padres quieren lo mejor para ti sin lugar a dudas, pero no debe ser de esta manera, y tú tienes derecho a rebelarte a semejante imposición, ninguno está mal, solo que han equivocado las formas. Les sugiero ayuda profesional para ti y tus padres.

Acabo de entrar a la prepa y todo estaba muy bien, hasta que conocí a mi maestro de Historia, su forma de ser me asusta, es demasiado exigente y hasta agresivo, hace que leas y después pregunta de una forma que me pone nerviosa. Me da miedo no saber la respuesta, por más que estudio y estudio me imagino que le contesto mal, y hasta me sudan las manos y me dan ganas de llorar. ¡Por favor ayúdeme!

Creo que le estás dando demasiada importancia a contestar correctamente; déjame decirte que las preguntas de la clase, son también para aprender, no necesariamente para evaluar, es una herramienta de la enseñanza, no es un examen, sin embargo, ten presente que pretender dar respuestas correctas siempre será estresante.

Deja que las cosas sucedan, no te angusties si contestas mal, no se caerá el mundo, ni nadie morirá.

Te sugiero que dejes de pensar negativamente en ese maestro, en su materia, y en su forma de llevar la clase; no le des tanto poder sobre ti, a esos hechos, y mientras tanto, sigue estudiando.

Tengo quince años y estoy en primer semestre de preparatoria. Para los exámenes parciales, estudio un día antes casi toda la noche, repaso y repaso, pero al momento de hacer los exámenes, me pongo muy nerviosa y eso hace que se me olvide todo lo que estudié, ando muy mal y estoy desesperada, he llegado a creer que no sirvo para la escuela, ¿qué puedo hacer?

Lamentablemente estás haciendo lo contrario para retener la información, por eso se te olvida todo.

Te sugiero que dediques noventa minutos diarios para tus tareas, proyectos, y lecturas, esto te permitirá la formación de un hábito al estudio. Una semana antes de la fecha de examen, agrega treinta minutos sólo para estudiar para tus exámenes parciales, permítele a tu memoria a largo plazo hacer su trabajo. Cuando leemos y estudiamos un poco todos los días, la capacidad de retención se potencia y te da seguridad, de manera que llegada la hora del examen, la información ahí está desde hace tiempo. No cometas el error de estudiar un día antes.

> **Soy padre de un chico de catorce años que está sacando malas notas en la escuela, no hace tareas, y cuando las hace, es de malas, tirado en el piso, y con la tele prendida; no estudia para el examen. Por las tardes sólo se la pasa jugando en la calle con sus amigos, o en la computadora. Ya no sabemos qué hacer porque lo castigamos, lo regañamos, lo amenazamos y no hace cambios, ¿qué más podemos hacer?**

Si un joven tiene la opción de elegir entre hacer la tarea o salir a jugar, escogerá sin lugar a dudas, salir a jugar, ¿por qué?, porque los jóvenes están predispuestos a los deberes, no así a los placeres. Hacer la tarea, estudiar o leer, son actividades relacionadas al deber.

Comienza con asignarle un lugar, donde se sentará hacer su tarea; deberá estar bien iluminado, ventilado y lejos de ruidos y demás distractores.

Determina un horario que contemple noventa minutos, en los que realizará esta actividad, de lunes a viernes, aunque no hayan dejado tarea; no hay que olvidar que este tiempo también es para hacer lecturas y repasar apuntes.

Por último, se firme; la constancia de los padres en relación a sus demandas, hace la diferencia entre la disciplina y la indisciplina.

> *Soy padre de un chico de catorce años, y últimamente me ha dicho que no tiene caso estudiar, que no sirve para nada, que mejor se quiere salir y ponerse a trabajar. No se qué hacer, estoy pensando que sería bueno sacarlo de la escuela y ponerlo a trabajar para que aprenda.*

Ir a la escuela es lo mejor que les puede pasar a los adolescentes, es la mejor opción para vivir tranquilamente el resto de su vida. Al tener una carrera profesional, el trabajo es más fácil, y se vive mucho mejor, pero para ello hay que estudiar.

Te recomiendo que seas tú el primero en convencerte de lo que acabo de señalar, me doy cuenta que también tienes dudas sobre si es bueno o no ir a la escuela, o quizá ya estás cansado. Cuando un padre está plenamente convencido de que la escuela es necesaria en la vida, nunca permitirá que sus hijos la cambien por trabajo, además, ¿en qué podría trabajar un chico de catorce años? Insiste hasta el cansancio, que estudiar es su única opción.

> *Mi hijo de catorce años, desde hace unas dos semanas, además de estar triste, no tiene ganas de ir a la escuela, cuando le pregunto*

¿por qué?, sólo me contesta que discutió con su mejor amigo y que ya no se hablan. Pregunto ¿es verdad que los adolescentes se quieren morir cuando uno de sus amigos deja de hablarles?

Las relaciones sociales afectivas que los adolescentes tienen, son muy significativas, tanto que pudiera decirse que su estabilidad emocional depende de ellas. Cuando un adolescente dice que tiene problemas con su mejor amigo, créame, está teniendo serios problemas.

Muéstrale comprensión, es un momento difícil para él, que se superara con apoyo emocional. No minimices el sufrimiento que él expresa por el rompimiento con su mejor amigo, mejor mantente cerca, hasta que la situación difícil pase.

La comprensión, el afecto y tu compañía, harán lo demás.

Si después de unos días, observas que no modifica en nada su actitud y estado anímico, es hora de ofrecerle ayuda profesional.

Soy un padre desesperado, de tres adolescentes que andan por la calle de la amargura como estudiantes, acaban de terminar su ciclo escolar y los resultados dejaron mucho que desear, todos reprobaron por lo menos dos materias, y ya no sabemos qué hacer; nos engañan con que no les dejaron tarea, que no saben cuándo es la fecha de examen, etc., y cuando vamos por la boleta, nos enteramos de todas estas sorpresas.

Tener hijos y que sean buenos estudiantes, es el resultado de padres comprometidos con su desarrollo académico.

Es importante crear una estructura necesaria para que tengan un desempeño eficaz tanto en casa como en la escuela.

- Organizales su día por prioridades; primero tiempo para comer, segundo, tiempo para realizar el quehacer doméstico, tercero, tiempo para sentarse a realizar tareas escolares, y al final, tiempo para diversión.

- Haz citas frecuentes con los maestros; esperarse hasta la firma de boletas para enterarte de cómo andan tus hijos no es recomendable.

- Solicita a los maestros, algunas estrategias para tener bajo control las actividades académicas, quizá una agenda sea necesaria.

Como te darás cuenta, la responsabilidad de los padres ante el desempeño académico de los hijos, es más allá que el sólo hecho de mandarlos a la escuela.

Mi hija está por entrar a la escuela secundaria, y estoy preocupada porque la veo con miedo a dar ese gran paso, me dice que no va a poder, que sus amigas le han contado que la secundaria es muy difícil y creo que ya la asustaron.

Efectivamente, de la primaria a la secundaria hay un gran paso, es riesgoso en la medida en la que los alumnos no estén preparados.

El cambio de un sistema de educación muy paternalista como lo es la primaria, a uno totalmente diferente, en el que sobresalen muchas materias y muchos maestros, requiere del alumno, tres aspectos fundamentales:

- Actitud positiva; que le permita adaptarse al nuevo sistema escolar, querer ir a la escuela es importante porque favorece la automotivación.

- Tener habilidades y técnicas de aprendizaje; en secundaria, la información es muchísima y se debe manejar eficazmente, esto no se logrará sin no hay técnicas y métodos de estudio de por medio.

- Tener organizadas las actividades principales, tanto placer como deber deben estar bajo control para no crear problemas; tiempo determinado para hacer las tareas, para ver televisión, para video jugar, para bañarse, y hasta para dormirse.

Esta estructura parece exagerada, pero créeme, es básica para tener un excelente desempeño académico en la escuela secundaria.

HIJOS ADULTOS EN CASA

"Si usted quiere que sus hijos tengan los pies sobre la tierra, colóqueles alguna responsabilidad sobre los hombros."

Abigail Van Buren

Hasta hace unos años se consideraba a la "crisis del nido vacío", como un evento desestabilizador para la mayoría de los padres; ver a sus hijos partir del hogar para vivir de manera independiente, no era un hecho fácil de asimilar, lo que hacia fuertes a estos padres, era saber que con esto, culminaría el proceso de madurez de sus hijos, y llegaría al final, su trabajo formador de ellos como padres.

Hoy en día las cosas han cambiado, el evento desestabilizador no sólo para los padres sino también para los mismos hijos adultos, es continuar en casa de sus padres. Trabajando o sin trabajar, con carrera profesional termina o sin estudiar, cada día es más común ver hijos adultos viviendo en casada de sus padres. Algunos con un proyecto de vida a largo plazo, y otros viviendo una vida sin sentido.

¿Qué estamos haciendo mal los padres?

- Generarles una maravillosa zona de confort de la que nadie quiere salir. Por ejemplo; mamá lavándole y planchándole, y papá facilitándole el automóvil, y las tarjetas de crédito. ¿Quién quisiera abandonar tan fabulosos privilegios?

- Truncar cualquier intento de independencia sólo por creer que aún no están listos para la vida. Aquí tenemos un hijo que quiere ser independiente pero que no se le permite, día a día le hacen creer que es inmaduro para casi todo, logrando en él, temor a este gran paso.

- Tener la firme creencia de que los hijos no tienen por que irse de la casa a sufrir escases, pasar frio y hambre. Aquí están todos aquellos padres que trabajan para sus hijos, pero que lo hacen de más; entonces dentro del mismo terreno, construyen un departamento para su hijo, dentro de su misma empresa, le crean un puesto para que no ande batallando en un trabajo mal pagado; con unos padres así, ¿cuándo va a madurar el hijo?

- Aceptar de regreso a hijos, ya sea divorciados, o en fracaso económico, sin un plan determinado. Este es otro caso lamentable que afecta la estabilidad, privacidad e incluso la economía de los padres. Creo que la mayoría de los padres decidirá ayudar a sus hijos adultos cuando estén pasando por una mala racha, dándoles alojamiento y alimentación; pero se debe tener cuidado, porque de no ser temporal este apoyo, la crisis será ahora de los padres.

No hay razones que justifiquen la necesidad de postergar el inicio de una vida independiente, ni de permanecer un largo tiempo en casa de los padres porque "no puedo mantenerme sólo".

Tengo un hijo de veintiún años, y de un tiempo a la fecha, no quiere estudiar y tampoco trabajar. Vive en casa como si fuera Rey; le lavo, le plancho, le cocino, y hasta lo llevo y traigo de cualquier parte. Cuando no atiendo sus necesidades, se pone de malas y hasta me deja de hablar o me maltrata. Hace una semana le dije que si no quería estudiar o trabajar, que mejor se fuera de la casa; por esto me siento culpable, y creo que comencé a fallar como madre.

Con respeto te digo, que tu método falló mucho tiempo atrás, eso de actuar como los sirvientes de los hijos, es tan dañino, que a la larga crea hijos mediocres e inútiles, crecen creyendo que todo mundo les debe servir.

Esto no se resuelve deshaciéndote del "problema", lo único que lograrás al correrlo de casa, es que regrese a los pocos días en peores condiciones, porque no le haz permitido desarrollar las herramientas, para ser autosuficiente e independiente.

Deben buscar ayuda psicológica de inmediato, necesitas estrategias para modificar tu estilo de crianza, y después, llevar a tu hijo para ser orientado, en la realización de un proyecto de independencia a mediano plazo.

Somos padres de un joven de veinte años, que ni estudia ni trabaja, ya no quiso ir a la universidad porque según, la escuela no era para él. Últimamente se acuesta muy tarde y se levanta hasta después del medio día; no sabemos qué hacer, creemos que nuestro trabajo de padres ha terminado, que mejor

***tome sus cosas y se vaya, no vamos a estar
lidiando con un hijo así de holgazán.***

Su hijo está formando parte de la generación Ni-Ni, jóvenes que ni estudian ni trabajan, y que viven a expensas de sus padres.

Hay muchos factores involucrados en este fenómeno social:

- Tener padres sobreprotectores o permisivos, que les permiten vivir excesos.

- La falta de un proyecto de vida que les entusiasme a seguir estudiando.

- La falta de un liderazgo paterno integrativo, involucrado decididamente en su vida.

- La falta de padres que los contengan cuando vayan muy rápido, y que los empujen cuando se estanquen.

Permítanme decirles, difiero un poco con ustedes en cuanto a que su labor de padres ha terminado, los padres hemos terminado nuestro trabajo con los hijos, cuando éstos son autónomos y autosuficientes; les animo para que se acerquen con algún profesional en salud mental, y puedan recibir ayuda,

Créanme, correrlo no soluciona nada ni para ustedes ni para él.

***Tengo un hijo de veinticuatro años, y
estoy desesperado porque es muy sucio,***

desordenado, flojo, hasta irrespetuoso; no hace ni el mínimo quehacer que le pido, vaya, ni siquiera levanta su plato de la mesa. Se justifica diciendo "ya terminé mi carrera y soy adulto". ¿Qué me siguiere que haga con él, le digo que se vaya?

Generalmente, es muy complicada la convivencia con hijos adultos, porque ya que tienen prácticamente desarrollada su personalidad, es decir, hacen las cosas a su manera porque creen que así debe ser.

Muchos hijos como el suyo, creen que porque ya están grandes y realizados profesionalmente, nadie tiene derecho a ponerle reglas, este es un error del que hay que sacarlo de inmediato.

Cuando un hijo adulto tiene su carrera profesional terminada, se sujete o no a las reglas del hogar paterno, debe independizarse, por salud mental. Padre de familia, no te limites a sugerirle que se vaya de casa sólo porque ya no lo aguantas, mejor realicen juntos un proyecto de independencia a corto plazo.

Ayúdenle a crecer y empújenlo a ser independiente.

¿Por qué mis padres no entenderán que ya soy un adulto responsable? Insisten en controlarme hasta lo que gasto. Desde hace dos años me encargo de pagar la luz y el agua, entonces me siento con el derecho de tener prendida mi televisión o aparatos el tiempo que quiera, y por supuesto bañarme y tardarme lo que sea necesario, esto a mis padres les frustra porque dicen que es su casa,

y se hace lo que ellos quieran. A mis veintiséis años, ya deben respetar mis decisiones y mi forma de vivir. ¿No cree usted?

Lamento decirte que estás en un error al pretender vivir de forma independiente, dentro de la casa de tus padres. Ayudar a los gastos de la casa, no te da ningún derecho por sobre las decisiones de tus padres, ellos como jefes del hogar, tienen reservado para sí, todo el derecho de establecer sus propias reglas, y tú, la obligación de cumplirlas.

Participar de los gastos no implica privilegios extras; es un signo de madurez y de responsabilidad de parte tuya, pero cuando reclamas respeto a tus decisiones sólo por el dinero que aportas, muestras lo contrario.

Te animo a ser más agradecido con lo que tus padres aportaron para tu formación y educación, y proponte un plan, que te permita vivir independiente en el corto tiempo; estás en edad de tener tu propio hogar y organizarte de la manera en la que desees.

Padres de familia, no soliciten apoyo económico a sus hijos salvo en casos súper necesarios, y de hacerlo, dejen en claro que se los agradecen, pero que no esperen concesiones por ello.

Nuestro hijo de treinta y cinco años, nos pidió apoyo para vivir por unos días mientras se acomodaba en algún lugarcito, en ese entonces se estaba divorciando, pero esos "pocos días", ya se convirtieron en año y medio, y odavía no es hora que diga cuándo se irá, el colmo es que hasta mete a su cuarto a sus amigas. Nos preocupa más ahora que sabemos los planes que tiene de arreglar el cuartito que le prestamos, dice que está muy chico y lo quiere ampliar un poco, claro que no estamos de acuerdo pero no sabemos cómo decírselo sin que le afectemos.

Creo que se cometió un error fundamental, permitir el retorno al hogar paterno, a un hijo casado. Parte de las facturas a pagar en un divorcio, es responsabilizarse por seguir siendo autónomo e independiente. Supongamos que en realidad "no tenía a dónde ir", entonces el segundo error fue no acordar con precisión, el periodo del apoyo brindado.

No se preocupen por el daño emocional que su hijo adulto experimentará, al pedirle que siga su camino, créanme, le harán un gran favor que quizá ahora no vea.

Platiquen de inmediato con él y denle un tiempo prudente, tal vez tres meses sea más que suficiente, para que un adulto de treinta y cinco años, rente su departamento y haga su vida de manera independiente, y les deje a ustedes hacer la suya.

Tengo un hijo que acaba de terminar su carrera en la universidad, y está haciendo planes de trabajar para independizarse, quiere rentar una casita y así comenzar con su vida, nos da miedo porque aunque tiene veinticinco años, es un inmaduro. Queremos que se quede en casa un poco más de tiempo, mientras ahorra para comprarse una casa que sea de él, y no pagar renta, yo puedo seguir apoyándolo con la comida y su ropa. Tenemos en la parte de atrás, un cuartito que si se lo adaptamos podría vivir ahí muy cómodo, y así estaríamos al pendiente de él. ¿Qué opina usted de este situación?, porque nuestro hijo insiste en irse a vivir solo.

Opino que su hijo ya se tardó en salir de casa, afortunadamente él quiere hacerlo, porque en la mayoría de casos, los hijos adultos quieren seguir teniendo la comodidad que brinda el hogar paterno. Esta es la historia de muchos padres sobreprotectores, que creen que sus hijos aún son pequeños para independizarse, entonces le resuelven todo, hasta sus necesidades más básicas como lavar su ropa interior.

Padres de jóvenes adultos, no colaboren en la formación de una personalidad dependiente y mediocre, ayuden a sus hijos a reconocer el enorme potencial que tienen, y suéltenlos.

Por salud mental, los hijos adultos no deben vivir con sus padres.

Tenemos sólo un hijo que ya veintiocho años; muy apenas salió de la carrera, y nos preocupa que no dure en sus trabajos porque todo es fiesta para él, sale casi todos los días; en casa ni se diga, ni siquiera sabe lavar su ropa, como siempre se atiene a su mamá en todo. ¿Cómo forzarlo para que ya agarre la onda?

La débil formación de carácter, la escasa habilidad para tomar decisiones, la ausencia de un proyecto de vida, y tener padres sobreprotectores, son aspectos que encuentro constantemente en jóvenes y adultos inmaduros, atorados en un estilo de vida placentero.

Comiencen por eliminar la zona de confort que le han creado; lavarle la ropa, hacerle de comer, tender su cama, prestarle el automóvil, y hasta darle dinero cuando no trabaja, son comportamientos que ustedes los padres deben dejar de hacer.

Establezcan una fecha límite para su estancia en el hogar, denle un máximo de tres meses para salirse de casa, y que el "ahorita no tengo trabajo" no sea la razón para postergar su salida.

Sean tolerantes a las emociones que mostrará cuando le comuniquen su decisión; tristeza, decepción, enojo, y no se dejen llevar por la manipulación.

Les sugiero buscar ayuda profesional para trabajar el tema de la sobreprotección.

En muchísimos casos, son los padres los que no permiten que los hijos maduren y se independicen por temor al abandono; generalmente, hacen sentir a sus hijos inútiles y no aptos para la vida, lo curioso es que cuando ya no los aguantan, terminan corriéndolos de casa.

LOS ADOLESCENTES
Y EL NOVIAZGO

*"La paradoja del amor es ser uno
mismo, sin dejar de ser dos."*

Erich Fromm

El noviazgo de los hijos adolescentes, es una relación inevitable que en la mayoría de los casos, atormenta a los padres, la razón es simple, la adolescencia es una etapa llena de inseguridades, y en la que se carece aún, de la madurez suficiente para hacerle frente a los conflictos, y a las emociones propias de esta relación afectiva como la tristeza, la preocupación, la frustración, la decepción, y la desilusión.

Sin embargo, el noviazgo es una relación necesaria, ya que enseña habilidades para socializar como: tolerar, compartir, dialogar, negociar acuerdos, y a ser empáticos.

Es importante la cercanía e involucramiento de los padres para asesorar, supervisar, y restringir lo que su juicio sea de riesgo, y no dejar que un criterio inmaduro como el de los adolescentes, sea la base para la toma de decisiones importantes.

Muchísimos noviazgos se vuelven tóxicos o patológicos, llevando a un sufrimiento importante al adolescente; celos, manipulaciones, abuso emocional, abuso sexual, incluso violencia, son experiencias que se pueden vivir cuando se carece de un liderazgo paterno.

No le tengan miedo al noviazgo de sus hijos adolescentes, mejor trabajen para crear la estructura necesaria para tan inestable relación, que permita una dinámica sana y funcional en la pareja.

Estoy de acuerdo en que el noviazgo es asunto de los dos adolescentes, pero cuando las decisiones y acciones tienden a afectar el proyecto de vida, o la salud de la persona, los padres deben actuar al respecto.

Tengo diecisiete años, y últimamente he comenzado a sentir algo más por mi mejor amiga. Fue novia de uno de mis mejores amigos, y ella le puso el cuerno por eso terminaron. Me gustaría saber si esto puede afectar nuestra relación; hablamos, y acordamos hacer un pacto de olvidar todo lo que sabemos uno del otro; ella sabe mis secretos y mis debilidades, y yo las suyas.

Mi respuesta probablemente no te agradará, ya que en este momento estás enamorado, pero al andar con esta chica, estarías violando dos reglas no escritas entre adolescentes, la primera; "nunca conviertas a tu mejor amiga, en tu novia"; aunque parezca simple, el hecho de haberse contado "todo" ya implica comenzar la relación con desconfianza, sospecha e inseguridad, incluso, dices que ya hicieron un "pacto de olvido", esto me confirma que la historia personal pudiera pesar demasiado en la relación.

La segunda regla violada no escrita; "nunca andes con la *ex* de tu mejor amigo", aquí también te estaría afectando todo lo que sabes sobre la relación que ellos tuvieron, además, tu mejor amigo lo tomaría como una deslealtad de parte tuya.

Estás por comenzar una relación de noviazgo complicada, te sugiero sigas con ella como tu mejor amiga, y busques otras opciones de pareja.

El noviazgo es para ser felices, pasarla bien, disfrutar, convivir, etc., no para estar preocupado o sufrir.

*Soy una chava de dieciséis años, y mi novio
ya salió de la universidad, tiene veinticinco.
Me acaba de pedir que nos casemos; a mí
me encanta la idea, pero mis padres piensen
que estoy muy chica, yo creo que ya soy muy
madura para enfrentar este paso, ¿usted qué
opina de casarse a mi edad?*

Con mucho respeto te digo, casarse a los dieciséis años no
es una decisión madura; estás en una edad para estudiar,
conocer, disfrutar, divertirte, viajar, tener muchos amigos, y
muchas otras experiencias que aún no vives; en esta edad,
definitivamente la responsabilidad de un matrimonio no
cabe.

Mejor platica con tu novio, dile que necesitas más tiempo
para crecer, madurar y vivir lo que él ya vivió. Si realmente
te quiere, te dejará crecer, y buscará una chica de su edad,
él si está en edad de casarse, pues ya terminó su carrera, tú
aún ni la comienzas.

Nueve años entre tú y él, siendo tú aún adolescente,
créeme, es un mundo de diferencia que tarde o temprano,
cobrará su factura.

*Tengo ya un año y medio con mi novio, a
quien amo muchísimo, la verdad es que sí
veo un futuro con él, pero me preocupa que
todas mis amigas me digan que lo termine
porque lo han visto en varias ocasiones con
otras chicas, y no en plan de amigos; yo lo
he enfrentado, pero siempre me lo niega,
dice que mis amigas están locas y que yo no
le tengo confianza. ¿A quién creerle, a mis
mejores amigas o a mi novio?*

Es casi imposible darse cuenta de que algo anda mal, bajo estas condiciones de enamoramiento; la idealización no te permite ver los errores y defectos de la persona que amas.

Lamento decirte que difícilmente tu novio te confesará que te está engañado. Si aplicamos el sentido común en esta situación, entonces debes hacerle caso a todas tus amigas, son varias, es difícil que se hayan puesto de acuerdo entre sí, para hacerte daño, o como para levantarle un falso a tu novio.

A ellas, agradéceles el amor que te tienen al preocuparse por ti, y evitar que sigas afectándote, y a tu novio, no sólo lo debes enfrentar, también decirle que mereces un trato digno, y de respeto, quizá tengan que tomarse un tiempo para pensar el futuro de esta relación.

Tengo quince años, y ya tenemos seis meses de noviazgo, pienso que es hora de comenzar a tener relaciones sexuales, ya se lo propuse a mi novia hace una semana, dijo que lo pensaría pero que cree que no es buena idea. Tenemos una súper relación, y creo que después va estar mejor, ¿por qué me diría eso si ya tenemos tiempo?

Las relaciones sexuales dentro del noviazgo en adolescentes, son de alto riesgo, ni tú ni tu novia tienen la autosuficiencia necesaria para hacerse responsables de las consecuencias de tener sexo.

Si tu relación de noviazgo es tan bonita como dices, debes cuidarla no teniendo sexo; se cree equivocadamente que la practica del sexo hace más grande el amor de la pareja, y no ocurre así, los adolescentes que comienzan a tener relaciones sexuales en su noviazgo, hacen que el interés, la motivación y el enamoramiento, comiencen a enfriarse, y al poco tiempo, todo se acaba.

Valórate más, quiérete más, y haz lo mismo con tu novia, quince años son muy pocos para comenzar a tener relaciones sexuales.

> *Tengo dieciocho años, te escribo por que ando desde hace seis meses con una chica "locochona"; le gusta fumar, tomar demasiado, ser rebelde con sus padres, no entrar a clases y cosas así, y pues yo le sigo la onda, pero desde que andamos, mis calificaciones han bajado un buen, y por lo mismo ya tengo problemas serios con mis padres, ¿qué puedo hacer si no quiero más broncas, ni quiero cortar con ella?*

Indudablemente estás frente a una situación difícil, porque se trata de elegir entre lo que dice tu corazón y lo que dice tu razón, déjame te lo explico.

De continuar con la relación, perderás el poco control que aún tienes sobre tu desempeño académico, y responsabilidades en casa, te estarías arriesgando a fracasar en la escuela, e incrementar los problemas con tus padres.

Puedes ser feliz, divertirte con tu novia y no tener problemas, siempre y cuando estés con la persona adecuada a tus valores, principios y estilo de vida; ya te diste cuenta que por seguirle la onda a una chica que le gusta tanto el reventón, ahora estás en problemas.

Te sugiero hacer una pausa y reflexionar sobre lo que es más importante ahora mismo, ¿un romance riesgoso que de todas formas terminará dentro de poco, o tus estudios?

> *Estamos muy preocupados por el noviazgo que tiene nuestra hija de quince años, anda con un chico de su misma edad, ya tienen casi once meses de relación, y cada vez que se juntan discuten por todo, se gritan y hasta se empujan. Nosotros le decimos que no sea tonta, que una relación así no le conviene, pero se enfada con nosotros. ¿Qué nos recomienda hacer?*

Es muy probable que se trate de una relación de noviazgo patológica o tóxica. Lamentablemente las estadísticas señalan que aproximadamente siete de cada diez relaciones de noviazgo entre adolescentes, experimentan algún tipo de abuso, y terminan convirtiéndose en relaciones de alto riesgo; los malos tratos, los celos, las amenazas, el chantaje emocional, la obsesión de controlar a la pareja, y los golpes, forman parte de la dinámica de estas relaciones, lo triste es que pueden durar años así, y en el peor de los casos, hasta casarse.

Como padres, deben ir más allá de lo que han hecho; reclamarle o decirle a su hija que es una tonta por estar en esa relación, no ayuda en nada, busquen apoyo profesional tanto para ustedes como para la pareja de adolescentes. Este tipo de relaciones, termina afectando enormemente a las personas.

> *Acabamos de descubrir que nuestra hija de diecisiete años, anda de novia, lo peor es*

que ya tiene tiempo esa relación; se sale a escondidas, nos miente, y utiliza todas las oportunidades para verlo, ¿qué podemos hacer para que entienda que tener novio, es perder el tiempo en algo que no sirve para nada?

Lamento decirles que el noviazgo, sí es de gran beneficio para el desarrollo psicosocial del adolescente cuando se lleva con responsabilidad, además, a los diecisiete años, se cuenta ya con un nivel de madurez que hace menos riesgoso este evento; hoy en día el noviazgo en adolescentes es para pasarla bien, para tener alguien en quien confiar, alguien a quien querer, para ser felices mientras se es estudiante, no es un preámbulo al matrimonio como lo era antes.

Les sugiero que autoricen el noviazgo y lo reglamenten, de esta manera desaparece el riesgo de vivirlo en secreto; hablen de inmediato con su hija y su novio, y señálenles lo que esperan de ellos en esta relación.

Mantener la restricción, coloca en riesgo a su hija ya que se seguirá dando a escondidas, en medio de muchas mentiras y conductas inadecuadas.

Tengo un novio y estamos pensando casarnos pronto, pero me preocupa que últimamente ha comenzado a beber demasiado, ha llegado a pelear a golpes. Antes me permitía decirle cosas, pero si ahora le digo "no manejes que andas tomado", se molesta y me dice que él sabe lo que hace. Ha cambiado mucho, porque él no era así. ¿Cómo puedo ayudarlo?

Tu novio está mostrando signos y síntomas de un chico que comienza a tener serios problemas con el alcohol; tomar y perder el control, es la señal más evidente de necesitar ayuda profesional.

Además, el alcohol y el volante, es la causa de muchísimos accidentes fatales en la adolescencia. Ahora déjame decirte que no eres la mamá ni la esposa de él, solamente eres una chica que está conociéndolo un poco más, para tomar quizá una decisión más seria.

Avísales de inmediato a sus padres para que hagan algo por él, y tú ponte a pensar si él es la persona que estás buscando para formar tu familia.

Los problemas con el alcohol no se curan con amor y algunas recomendaciones, sino con un tratamiento médico profesional.

Tengo una hija de catorce años que pelea muy seguido con su novio de la misma edad, él viene a casa todos los días y siempre terminan discutiendo, lo único que hago es retirarme para que ellos arreglen sus problemas. No se hasta dónde debo intervenir en su relación, o quizá debo hacer como ella dice, no meterme porque es su vida privada.

Están haciendo lo que muchos padres de adolescentes hacen cuando sus hijos tienen un noviazgo, mantenerse al margen y dejar que ellos naveguen solos en esta relación; no es lo más recomendable.

Los noviazgos de alta exposición como el de tu hija, generan tarde o temprano esta dinámica enfermiza; una relación llena de enfado, frustración, irritabilidad, celos, etc. además a los catorce años, hay muchísimas cosas más por hacer que dedicarse exclusivamente al novio; atender quehaceres domésticos, convivir con la familia, hacer sus tareas, y salir con los amigos son actividades importantes que se está perdiendo tu hija.

Considerando la edad que estos jóvenes tienen, sugiero que se involucren y reglamente el noviazgo; es muy importante determinar que los días de visita sean los fines de semana; que la duración de la visita no exceda el tiempo que dura una película, y que el comportamiento que se espera durante la visita, sea de armonía y respeto.

Voy a cumplir ya trece años, vivo en México y hace seis meses conocí a un chico que vive en Colombia, tiene veinte, nos hicimos buenos amigos por Facebook, intercambiamos muchas fotos, y platicamos bastante, pero resulta que me acaba de pedir que sea su novia, mis padres no lo saben y ni quiero que lo sepan, me matarían. Realmente estoy enamorada y no dejo de pensar ni un minuto en él. Dígame, ¿si funciona una relación así de lejos?

Esta relación que llevas con tu amigo de Colombia, es una relación de alto riesgo porque es mucho más grande que tú (si es que te está diciendo la verdad). La distancia, el internet y la inmadurez de tus escasos doce años, favorecen condiciones de peligro para ti.

El principal es el abuso sexual a distancia, por ejemplo; cuando son presionadas a mostrarse desnudas a través de la cámara, a realizarse tocamientos eróticos para complacerlo, etc., son algunas de las experiencias más comunes. Esperemos que jamás se le ocurra a tu amigo pedirte algo así, y para asegurarnos de que esto no ocurra, mejor dile que no, que tenga una novia de su edad y de su ciudad para que la pueda ver seguido, que te deje madurar. Y por seguridad, no tengas amigos tan grandes y mucho menos los hagas tus novios.

Mi hija va a cumplir catorce, y a toda costa consiguió permiso para tener novio, pero mucho más grande que ella, uno de veinte años, nos preocupa que no sepa cuidarse, que no tome buenas decisiones. Llevan tres semanas de novios y ya comenzó a presionarnos para que la dejemos ir a fiestas con su novio, se justifica en que su novio es grande y sabrá cuidarla. Mi esposo está muy molesto, y no le habla, y al novio no lo quiere ver ni en pintura. No sabemos cómo manejar una cosa así.

No deben preocuparse tanto por cómo manejar un noviazgo así, la razón es simple; una chica de doce años, no debe tener novio, y jamás uno de veinte. ¡Prohíbanlo de inmediato!

Ella por su inmadurez y la hormona alborotada, no podrá identificar el riesgo en el que se encuentra, pero ustedes si; en casos como este, hasta de la policía se puede echar mano, para alejar a este adulto de su hija. Háganse conscientes ustedes, de que sus temores se cumplirán; no sabrá cuidarse, no tomará buenas decisiones y el riesgo a tener relaciones sexuales es muy alto.

Por la edad que tiene tu hija, el derecho les asiste a prohibir cualquier relación que a ustedes les parezca peligrosa. Posteriormente, deben ustedes los padres acercarse a orientación profesional, es necesario que aprendan a ser más asertivos, y dejar de ser sobreprotectores.

PADRES EN DESACUERDO

"No podemos resolver los problemas, pensando de la misma manera que cuando los creamos."

Albert Einstein

Los padres que no tienen la habilidad para llegar a acuerdos, en relación a la formación de sus hijo, terminan creando un clima de incertidumbre, en una etapa en la que se requiere certeza en las decisiones y en las acciones.

¿Por qué es difícil para los padres ponerse de acuerdo?

Tiene mucho que ver el estilo de crianza en el que crecieron estos padres, no es un factor determinante, pero si demasiado influyente como para creer que están aplicando el mejor estilo, y tomando las mejores decisiones; en este contexto, cada uno se siente con la razón o verdad de su lado, y lo defiende tratando de imponer su opinión a su pareja.

Aquí es donde comienzan los dolores de cabeza para los hijos; papá dice una cosa, y mamá lo contradice; papá prohíbe, y mamá permite; mamá castiga, y papá levanta el castigo, etc., como si se tratase de ganarle a la pareja, y no de formar a los hijos.

Una dinámica así, genera un clima caótico que desestabiliza emocionalmente al hijo; lo estresa, lo frustra, lo mantiene irritable, y le hace perder la confianza en sus padres.

Los adolescentes necesitan padres que sepan ponerse de acuerdo rápidamente; a ellos no les importa si viven juntos o están divorciados, simplemente quieren respuestas y necesitan dirección.

Padres, anímense a ceder su postura, no siempre tendremos la razón, la mejor formar o el mejor método; que la tarea sea formar un frente común como padres, que los hijos puedan ver en ustedes un liderazgo solido, convincente y formador.

Soy madre soltera y tengo dos adolescentes en casa, me los cuida mi mamá durante el día y yo los veo hasta en la noche. Últimamente han estado muy groseros y rebeldes conmigo, no me hacen caso en nada, le digo a mi mamá que los castigue, que no los corrija, pero lejos de hacerlo los apapacha demasiado. ¿Qué puedo hacer para que la abuelita sea más fuerte de carácter?

El rol o papel de los abuelos no es formar hijos, sino disfrutar de sus nietos. Déjame explicarte; la abuelita concluyó su etapa de mamá formadora cuando tú creciste y saliste de casa, ahí dejó de ser la mamá que corrige, que regaña, que pone reglas, etc., ahora es abuelita, y sólo está para querer a sus nietos, consentirlos y cuidarlos, no para formarlos, ese es trabajo exclusivo de los padres.

A distancia o utilizando a terceras personas, no será posible que se logre influir en los hijos, y mucho menos que reconozcan como figura de autoridad a un padre ausente.

En muchas ocasiones, la rebeldía e irritabilidad en adolescentes, son un signo de depresión e inestabilidad emocional; probablemente eso les está pasando a tus hijos. Te animo para que seas tolerante, tengas más comunicación, y sacrifiques otras actividades, para pasar más tiempo y convivir con tus hijos, ellos te necesitan como madre formadora.

Estoy decepcionada y triste porque mi esposo al corregir a mi hijo varón, lo hace sin tanto drama y ni malas palabras, pero a nuestra hija, le grita y le castiga exageradamente.

Dice que por ser mujer, debe ser más responsable y no andar en tantas fiestas. ¿Qué puedo hacer para que él entienda que debemos ser parejos con el trato?

Efectivamente, los padres debemos ser justos con los hijos no importando su género, lamentablemente aún hay padres con este comportamiento machista.

No hay mucho que tú como esposa puedas hacer, se trata de patrones heredados por generaciones, que sólo se pueden romper si la persona está consciente y quiere.

Te sugiero que comiences por buscar ayuda para tu hija, ella pudiera ser clave para acercar a tu esposo a recibir orientación profesional, por lo pronto, insiste con tu esposo en que debe ofrecer un trato digno, de mucho respeto a su hija, que elimine las palabras ofensivas y los castigos vengativos que tanto afectan emocionalmente a los hijos.

Tengo problemas con mi esposo porque no está de acuerdo en los permisos que le doy a nuestra hija, es cierto que está llegando un poco tarde pero nada que ver. Me dice que no lo estoy haciendo bien. Estoy desesperada porque cuando intento hacer las cosas a mi manera, él viene y las cambia.

Los hijos necesitan padres con carácter firme, y que estén de acuerdo en las demandas o exigencias que les harán. Cuando los padres no están de acuerdo en la manera en la que guiarán a los hijos, la probabilidad de que se metan en líos es muy alta.

Cuando tú y tu esposo estás de acuerdo en las reglas, horarios y límites que impondrán a su hija, lo único que ocurre es que la autoridad de ambos se desgasta.

Como padres: pónganse de acuerdo en todo lo relacionado a la formación de los hijos, formen un frente común como si fueran uno solo, y hagan un compromiso mutuo de no desautorizarse.

> *Tengo dos hijos adolescentes de doce y quince años, y últimamente no se han estado portando bien, hacen lo que quieren. La verdad ya están fuera de control, y su mamá y yo no nos ponemos de acuerdo, y no sabemos cómo arreglar el tema de la disciplina.*

Déjame decirte, mucho del éxito en cuanto a disciplina se refiere, consiste en que ambos padres se sienten a platicar y acuerden, la manera en la que disciplinarán a los hijos. Cuando no ocurre así, además de convertir la disciplina en un evento frustrante, los hijos terminan haciendo su voluntad.

Tratándose de disciplina, estas son mis recomendaciones:

- Establezcan las demandas y háganlas por escrito, reglamentando sólo lo mas urgente, no las llenen de reglas.

- Elaboren un listado de consecuencias con el fin de no estar inventando las sanciones, al momento de la falta.

- Cuando incumplan una regla, apliquen la consecuencia, de lo contrario, su plan de disciplina quedará únicamente en un buen intento.

Tengo muchos problemas con mi esposo por la forma de tratar a nuestro hijo de quince años, el otro día lo obligó a sacar la basura a media noche sólo porque no lo hizo por la tarde. Yo creo que debe ser más humano y tolerar ciertos errores. Mi hijo lo aborrece y no quiere saber nada de él. ¿Cómo puedo ayudar a mi hijo con sus sentimientos?

Estamos frente al típico padre autoritario, aquel que maneja un alto nivel de control tanto de las situaciones, como de las personas. El autoritario generalmente tiene respuestas agresivas cuando algo no se hizo como lo pidió; golpea física y verbalmente para hacerse respetar, es una persona que quizá en su etapa de crianza, también tuvo padres con el mismo estilo.

Las consecuencias para la mayoría de los hijos criados con autoritarismo son lamentables; muchos de ellos acumulan grandes dosis de agresividad y frustración que los convierte en neuróticos en potencia. Otros se vuelven tímidos y con ello fácilmente manejables por los demás, lo que los coloca en una condición vulnerable.

Estimado padre de adolescentes, si tu tendencia es ser determinante, exigente, intolerante, insensible, y de decisiones incuestionables, quizá seas un padre autoritario.

Te invito a que reflexiones y cambies de estilo, son graves las consecuencias, y en el daño emocional que causas no sólo en la vida de tu hijo, también en las personas que te rodean.

Soy un padre que cree en normas y horarios para los hijos, así se educarán para la vida. Mi esposa es todo lo contrario, no cree que debamos ser exigentes y establecer límites; he observado como a ella hasta groserías le dicen. ¿Cómo hacerla entender que debe ser más firme con nuestros hijos adolescentes?

El estilo permisivo que maneja tu esposa es de consecuencias lamentables; los hijos desarrollan un bajo umbral de tolerancia a la frustración, de manera que se enojan con muchísima facilidad; tienen problemas con el autocontrol y la autodisciplina, haciendo lo que quieren, cuando quieren y como quieren; presentan demasiada resistencia para cumplir responsabilidades en cualquier ámbito.

Es cierto que la vida les enseñará mucho de lo que tienen que saber, pero la responsabilidad, la obediencia, y el respeto, se enseñan en casa, y las herramientas para ello son, normas, principios, valores, horarios y límites. Esta disciplina formativa no tiene éxito cuando sólo uno de los dos padres cree en ella.

Tenemos tres adolescentes en casa, dos señoritas de catorce y diecisiete años, y el niño de doce, el caso es que cuando llega de la escuela o de hacer deporte, mamá le pide a sus hermanas que le sirvan de comer, y después que le preparen el agua para darse un baño, o que le arreglen la mesa para que se ponga hacer su tarea. De quehaceres

domésticos ni se diga, ahí está peor la cosa,
este chamaco sólo se limita a levantar los pies
cuando están barriendo. ¿Está en lo correcto
mi mujer?

Qué error tan grave pedirle a sus hermanas que lo
atiendan sólo porque es hombre, al contrario, este joven,
debería respetar a sus hermanas, atendiéndose él solo.

Padres de familia, no fomenten el machismo en sus hijos
adolescentes, los harán sufrir. Los jóvenes machistas están
quedando sin opción de pareja; afortunadamente, muchas
jovencitas hoy en día detestan al machista y lo rechazan,
ellas prefieren jovencitos cursis, que digan frases bonitas,
que sean cariñosos y lindos, además que participen en
quehaceres domésticos sin pena.

Debemos saber esto: los quehaceres domésticos,
fortalecen el desarrollo del carácter de los hijos, no les
pasará nada con levantar su plato después de comer.

Padres, no importa que tengan en casa servidumbre,
hagan que sus hijos adolescentes se encargue de limpiar
su cuarto, además de realizar otro quehacer doméstico.

LOS ADOLESCENTES Y EL ANTRO

"Era el carácter el que nos sacó de la cama, el compromiso fue lo que nos movió a la acción, y la disciplina la que nos ha permitido seguir adelante."

Zig Ziglar

Uno de los eventos esperados dentro del desarrollo del adolescente, es que comience a independizarse del núcleo familiar, prefiriendo a sus amigos por encima de sus padres o familia.

Esta independencia y autonomía progresiva, los lleva a una nueva dinámica para la que deben estar preparados los padres; se convertirá en jóvenes que por su edad y madurez, irán más lejos, por más tiempo, y asumirán más riesgos, al momento de salir a divertirse; si a esto le agregamos la compañía de otros jóvenes con escasa supervisión, es muy probable que el hijo potencie su comportamiento inadecuado en la mayoría de los casos; más rebeldía, más desobediencia, más aislamiento de su familia, etc.

Si tienes hijos adolescentes mayores, es probable que sus interés ahora se centren en salir más con los amigos, o con su pareja, ya sea para ir al cine, para cenar o para asistir a fiestas; muchas de estas salidas pudieran implican beber alcohol, fumar, y quizá hasta probar sustancias tóxicas.

La postura de los padres frente a estas situaciones, determinará en nivel de autorregulación que cada joven desarrolle.

Es de esperarse que en esta etapa de tanta independencia, se presente un deterioro en la comunicación y se afecte la relación que se tiene con ellos.

Regañar, amenazar, o castigar injustamente, no es recomendable, es mejor estar cerca y acompañarlos en este proceso de autonomía.

Mi hijo de dieciocho años se queja de que somos anticuados, y constantemente nos pregunta que por qué no somos como los padres de sus amigos, que ellos si son buena onda, que los dejan fumar, tomar y salir a fiestas sin tantas trabas como nosotros. ¿De verdad seremos tan pasados de moda?

Lamentablemente, aún hay muchos padres permisivos que pretenden ser "buena onda" con sus hijos, para así tenerlos contentos, este estilo de paternidad es simple y fácil de llevar, sólo hay que decirle sí, a todo lo que los hijos demanden.

Los padres permisivos no tienen idea de las consecuencias de este estilo de paternidad; los hijos terminan fracasando en la escuela y metiéndose en serios problemas que pudiera afectarles toda la vida.

Ser padre de adolescentes exitosos no es fácil, sin embargo, créanme, vale la pena el esfuerzo; debemos comenzar por colocar límites para que no vivan excesos, y reglas de comportamiento para fortalecer su carácter, claro que no seremos catalogados como padres "buena onda", pero esa no deberá ser meta.

Me gustaría saber qué hacer para que mis padres entiendan que aunque ya tengo una hija, sigo siendo joven. Tengo dieciocho años y voy bien en la universidad, pero no me dejan salir ni a tomar un café con mis amigas, yo sé que mi vida cambió, amo a mi bebita, la cuido, la atiendo, pero a veces me hace falta un poco de distracción como cualquier otra chica de mi edad, ¿qué hago?

Te felicito por ser responsable, atender a tu hija, darle afecto, seguridad, y tiempo, estás siendo una buena madre, por cierto muy joven. Felicito a tus padres por el apoyo que te están dando para que termines tu carrera siendo ya una mamá, créeme, son pocos los padres que deciden hacer esto.

Negocia con ellos una salida a la semana, comprométete con el horario que te asignen, no creo que haya problema si te diviertes responsablemente.

Eres mamá, hija, amiga, y estudiante, y deberás tener cuidado en administrar tu tiempo para todos estos roles.

En cuanto a sus reglas, horarios y límites que impongan tus padres, las debes cumplir simplemente porque vives en casa de ellos, no tienes opción.

> **Soy un joven de diecinueve años, y me gustaría saber si hay una forma para que me dejen salir a las fiestas, al menos en mi caso, los permisos siempre son un problema con mis padres, desconfían de todo.**

Te voy a dar seis consejos básicos, para conseguir de una manera más fácil los permisos:

- Cumple con el horario que te están asignando, ni un minuto más.

- Mantente ciento por ciento factible de comunicar; no cometas el error de apagar tu teléfono "para que no me estén molestando".

- No tomes licor si no tienes permiso para ello, y si lo haces, no manejes.

- No te hagas acompañar de amigos que pierden fácilmente el control, te meterán en líos.

- Mantén tus grados o calificaciones en promedios aceptables.

- Haz tus quehaceres domésticos en tiempo y forma, no sólo porque vas a salir.

Al cumplir, te mostrarás como un joven maduro, responsable, y digno de la confianza de tus padres.

Tenemos una hija de diecinueve años con la que estamos teniendo muchos problemas, sobre todo en las salidas y horarios para fiestas; ella tiene permiso para llegar a las dos y media de la mañana, pero mi esposo le dice: si tienes algún imprevisto o pasa algo, sólo llamanos. Pues cuando sale y nos llama para decir que por alguna razón no llegará a tiempo, mi esposo se enfurece, comienza a maltratarla y termina castigándola por haber llegado tarde. ¿Cómo le hago para que mi esposo no actúe así?

Los adolescentes y jóvenes, necesitan reglas y límites para contener sus conductas placenteras, si las reglas son débiles, habrá problemas. Si a tu hija le dicen: "si hay imprevistos sólo llámanos", le están facilitando el camino para faltar al acuerdo, siempre habrá "imprevistos". Por otro lado, si ustedes como padres le están asegurando que no habrá problema si llega tarde, entonces cometen un error al molestarse.

Sugiero que sean firmes en la hora acordada para el regreso de la fiesta, denle una tolerancia de quince minutos, si no cumple en tiempo y forma, apliquen una sanción, y verán como los "imprevistos" desaparecen, porque la disciplina permite el desarrollo de la responsabilidad. Tengan presente, los adolescentes y jóvenes preferirán ir por más placer, cada vez que tengan la oportunidad.

> *Hace unos días le pegué una bofetada a mi hija de quince años, no me dejó otra opción, estaba muy grosera conmigo, todo por un permiso que le negué para una fiesta. A los pocos días, encontré una carta que escribió para su mejor amiga, en donde decía que planeaba irse de la casa. ¡Ayúdeme por favor!*

Permíteme decirte, no debes enseñar a tu hija que debe respetarte, faltándole al respeto con golpes, es incongruente.

Los golpes como recurso de disciplina, están obsoletos y no enseñan nada, únicamente crean mayor distancia emocional entre éstas dos generaciones ya de por si distanciadas, además, un golpe en el rostro, es un golpe a la dignidad de la persona, antes no se ha ido de la casa.

Te sugiero que busques ayuda profesional de inmediato, y aprendas a disciplinar a un adolescente sin ganarte un enemigo, esto te permitirá reconstruir la relación con tu hija. Te propongo leas también mi libro *"Padres con sentido común"*, en uno de sus capítulos hablo sobre disciplina formativa, te ayudará.

> *Tengo muchos problemas con mi hijo de diecisiete años, se molesta demasiado porque dice que no lo dejo salir. Lo que pasa es que no quiero que se me vaya por el mal camino, las drogas y el sexo hoy en día están echando a perder a todos los chamacos. ¿Qué puedo hacer para que no se enoje conmigo?*

Déjame puntualizar; las drogas y el sexo, tienen atrapados a algunos adolescente, no a todos como tú lo señalas, más bien creo que el miedo de que tu hijo "se eche a perder", no te permite observar que hay otras formas de resolver las salidas sociales de un adolescente como el tuyo. Manteniéndolo encerrando no resuelves nada, sólo lo frustras más.

Prueba con normas de conducta, horarios, consecuencias, y mucha comunicación.

Reglamenta lo que esperas que tu hijo cumpla al salir, y fíjale el horario de regreso; de preferencia llévalo y tráelo tú mismo, así te aseguras entre otras cosas, dónde es la fiesta y quiénes asisten a ella.

> *Soy padre de un joven de dieciséis años, y estoy teniendo muchos problemas cada vez que sale a fiestas, porque llega a la hora que quiere. Me dice que sus amigos con los que se va, no se quieren regresar a la hora que yo le exijo, lo dejo irse desde las seis de la tarde y regresa hasta las tres o cuatro de la mañana,*

por más que hablo con él y lo regaño, no entiende que debe ser responsable.

Las salidas a fiestas son un asunto serio, sobre todo en aquellas en donde habrá licor; un joven sin control o con demasiada libertad, pudiera ser presa fácil de éstos y otros riesgos.

A los dieciséis años, todavía deben recogerlo de las fiestas, no se puede responsabilizar a terceras personas del regreso puntual, generalmente habrá pretextos para no cumplir con el horario: "se ponchó una llanta", "el carro no quiso prender", "el chofer estaba tomado", "sus amigos no se querían regresar", en fin, pretextos. Lo único que permitirá meter en control esta situación, es que ustedes los padres vayan por él.

Deben dejarle saber a su hijo, lo que esperan que él haga al salir, y sanciónenlo cada vez que no cumpla.

> *Tengo problemas con uno mis hijos adolescentes que estudia la preparatoria, dice que no lo entendemos pues no le permitimos hacerse un tatuaje en el cuello como todos sus amigos. Por más razones que le doy, insiste hasta terminar en discusión; mi esposa y yo estamos desesperados.*

Colocarse un tatuaje, es uno de los intereses más fuertes en muchos adolescentes, básicamente se debe a una exigencia de la moda que están viviendo, o al grupo social al que pertenecen, sin embargo, esto le dará problemas más adelante.

Conozco muchos jóvenes que al terminar la universidad, están ahorrando dinero para quitarse el tatuaje que se colocaron de estudiantes, súper arrepentidos de haberse hecho algo así. También conozco profesionistas a quienes se les ha dificultado conseguir empleo, sólo por tener tatuajes; un joven tatuado, inmediatamente se gana el juicio negativo de una sociedad exigente en este sentido; se está etiquetando negativamente, y con ello, cerrando muchas puertas de oportunidad. Manténganse firmes.

Tengo dieciocho años y comienzo a salir a antros con mis amigos, pero estoy teniendo muchos problemas con mis padres, dicen que no soy responsable. Creo que no es así, soy un buen hijo y también buen estudiante, pero cada vez que pido permiso para salir los fines de semana, se enojan, según porque salgo mucho y no cumplo lo acordado. Tomo un poco, pero tengo cuidado al manejar.

Me atrevería a afirmar que casi todos los padres, tienen conflicto con sus hijos tratándose de permisos para salidas al *antro*, dado que están presentes factores de riesgo como el alcohol, las drogas, el automóvil, los demás conductores, y la euforia misma. Cumple con los acuerdos y muéstrales un comportamiento maduro, eso ayudará mucho a la hora de solicitar un permiso, y toma en cuenta no cometer estos errores que molestan demasiado a los padres:

- No cumplir con el horario de regreso.

- No contestar el teléfono cuando ellos tratan de comunicarse contigo.

- Cambiarte de fiesta sin avisarles.

- Abusar del alcohol si es que lo tienes permitido.

- Manejar el auto después de haber tomado alcohol.

- Ser el "taxista" de todos tus amigos a media noche.

- Llegar a casa con "invitados", sólo porque andan demasiado tomados.

Ten presente esto, y no sólo tendrás la confianza de tus padres, también tus salidas serán más seguras.

> *Tengo un adolescente de dieciséis años, y está tomando licor cada vez que sale, la verdad no se qué hacer, me da lástima quitarle el carro, hablo hasta el cansancio con él para que agarre la onda y no resulta, dígame ¿qué debo hacer para ayudarlo?*

Por Dios, tiene dieciséis años, Lo primero que debes hacer es retirarle el automóvil, hasta ahora tu hijo ha mostrado ser inmaduro, porque manejar y estar bajo los efectos de sustancias como el alcohol no es una buena decisión.

El alcohol y el volante son los dos ingredientes presentes en la mayoría de los accidentes que envuelven a los jóvenes. Reglamenta estas situaciones, y aplica consecuencias cuando incumpla las reglas. El comportamiento inapropiado no se modifica a menos que haya una consecuencia que pagar.

Ya no lo sobreprotejas, anímate a soportar la frustración, coraje o tristeza que mostrará cuando te vea firme. En este caso, la persuasión como método correctivo no funciona.

LOS PADRES Y LA SOBREPROTECCION

"No le evitéis a vuestros hijos las dificultades de la vida, enseñadles más bien a superarlas."

Louis Pasteur

El padre sobreprotector está totalmente convencido de que su hijo, no tiene las fortalezas necesarias para enfrentar la vida, así que se dedica a abrirle paso, resolverle los problemas, evitarle fracasos, y a mantenerlo dentro de una burbuja que lo "protegerá" de cualquier peligro.

La sobreprotección, es un estilo de paternidad enfermizo, que se caracteriza por el exceso de cuidados y atención hacia los hijos; es un estilo de crianza que no encuentra la justa medida entre la falta de cuidados y su exceso.

Como padres, debemos brindarles seguridad y atención para que los hijos crezcan sanos y seguros, tanto física como psicológicamente, sin embargo, otorgarlo en exceso, es dañino.

El padre sobreprotector, no tolera que su hijo experimente frustraciones, por ejemplo: si el hijo no terminó su tarea por la razón que sea, al día siguiente lo disculpará ante su maestra inventando cualquier excusa, se sentiría culpable de no evitarle la frustración a su pequeño e "indefenso" hijo.

Los padres sobreprotectores, no establecen reglas ni límites a los hijos, porque no los quieren ver frustrados.

Dentro de mi práctica profesional, la sobreprotección la he encontrado generalmente en padres que viven alguna de estas situaciones: padres primerizo, padres con algún hijo discapacitado o enfermizo, padres que tuvieron muchas carencias en su infancia, padres que fueron sobreprotegidos o que sus padres fueron autoritarios; también en padres compensadores, que manejan sentimiento de culpa por estar ausentes de la vida de sus hijos.

Estimado padre, el nivel de madurez y de responsabilidad en los hijos no se harán realidad si continuas sobreprotegiendo.

> *Mi papá se trauma con todo lo que las noticias dicen, o lo que sus amigos le cuentan de los peligros que hay en la calle, todos los días se la pasa diciéndome, "cuídate", "no salgas", "no le abras a nadie", "no contestes el teléfono". Ahora desconfío de la gente, cuando alguien voltea y me mira, creo que me quiere hacer daño. ¿Cómo puedo dejar de ser tan miedosa?*

Lamento decirte que estás repitiendo el modelo aprendido de tu padre, un estilo fatalista y catastrófico que se da en los padres sobreprotectores. No ignoro que vivimos en un mundo violento y de muchos peligros, pero esto no significa que debemos "encerrar" a los hijos para que no les pase nada; por otro lado, erróneamente muchos padres creen que al meterles miedo, tomarán buenas decisiones.

Tu padre debe buscar ayuda profesional para equilibrar la percepción que tiene del mundo, además para cambiar el estilo de crianza, y con ello, ayudarte a tomar mejores decisiones en relación a los riesgos propios de ser adolescente.

Necesitas aprender a confiar más en ti misma, y en tus propias decisiones, para después poder confiar en los demás. Una psicoterapia breve estratégica les ayudaría a ambos.

> *Yo entiendo que mis padres quieran cuidarme por ser mujer, pero ellos la verdad se pasan. Entre semana no me dejan estar afuera después de las siete de la noche, además, durante el día me llaman cada diez minutos, sólo para saber si todo anda bien, si llego*

a salir al cine tengo que llevar a mis dos
hermanas pequeñas. ¿Qué puedo hacer para
que confíen en mí?, ya tengo diecisiete años, y
no se vale que ni a la tienda pueda ir sola.

No hay mucho que te pueda decir para solucionar tu problema, sólo que debes ser responsable en los pocos permisos que te dan, cumpliendo en tiempo y forma, esperando que con ello tus padres se sientan más seguros y te vayan permitiendo un poco más de espacio.

A tus padres les digo, esta tendencia sobreprotectora que ellos tienen, te está haciendo un daño terrible porque no te permite madurar. Padres, dejen que sus hijos socialicen, en la convivencia con sus amigos, es donde tomarán recursos para su madurez psicosocial; dejen que aprendan a tomar decisiones porque la vida está llena de elecciones; confíen en lo que ustedes mismos les han enseñado.

Tengo dieciocho años y no sé qué hacer
con mi mamá, la quiero mucho pero hasta
hace unos días deje de confiar en ella, he
descubierto que me sigue cuando salgo a una
fiesta, me espía para saber lo que hago o con
quién ando, que pena la verdad.

La preocupación de los padres por el bienestar de sus hijos es algo que no se puede evitar, sobre todo cuando las fiestas incluyen alcohol, pero seguirte tampoco es un buen método para estar seguros de que estás tomando buenas decisiones, lejos de ayudar, esto empeora la relación.

Te sugiero platicar con tu mamá y pedirle que te dé la oportunidad de mostrarle lo madura que eres, y comprométete por lo menos a tres cosas:

- Regresar a la hora indicada, no hay peor signo de inmadurez que decir una cosa y hacer otra.

- No tomar alcohol si no lo tienes permitido, y si tienes permiso para ello, no conducir el automóvil.

- Estar siempre comunicada, tener un teléfono a la mano y contestarlo cuando ella te marque, es fundamental.

Estas tres conductas te mostrarán responsable, y seguramente te facilitarán las salidas.

> *Tenemos un pequeño adolescente de diecisiete años, es nuestro bebé, pues su hermanito mayor ya está casado y viviendo con su familia. Nos ha costado mucho trabajo el tema de la disciplina, le hemos dado todo lo que creemos que necesita para ser feliz, lo amamos y vivimos sólo para él. Ahora estamos decepcionados porque además de no obedecernos en nada, nos ha comenzado a maltratar, ¿qué hicimos mal para que nuestro bebé aprendiera todo menos a obedecer y respetar?*

Estimados padres de este "bebé", su problema principal se llama sobreprotección; un estilo de paternidad en el cual, los padres ven pequeños e indefensos a sus hijos no importando la edad que estos tengan. Como ya lo he dicho, los padres sobreprotectores no toleran tristeza, enojo, desesperación, frustración e insatisfacción en sus "pequeños" adolescentes, por eso se adelantan a resolver cualquier asunto que les pudiera generar conflicto, y por si fuera poco, cuando se animan a disciplinar, hacen reglas pero no sancionan el incumplimiento.

El resultado es el que ya están experimentando ustedes, porque la mayoría de los hijos sobreprotegidos tarde o temprano, se vuelven egocéntricos, egoístas, groseros, e insensibles a las necesidades de los demás, lo que es peor, se voltean contra sus padres, y los llegan a maltratar cuando no obtiene rápidamente las cosas.

Estimados padres, dejen este estilo de paternidad dañino; protejan a sus hijos pero no lo hagan de más, y busquen ayuda profesional.

> *Tengo veinte años y mi mamá no entiende que ya estoy grande, me quiere seguir tratando como su niño, por ejemplo; cuando salgo con mis amigos quiere que le marque cada rato para saber cómo la estoy pasando, si salgo en las noches, no me deja llevar el carro, y lo peor es que tengo que regresar a la doce y media de la noche, como la cenicienta, ¡cuando la fiesta apenas está comenzando! Creo que merezco más libertad. ¿Qué me sugieres que haga?*

Muchos padres como tu mamá, tienen problemas para desprenderse de sus hijos, entonces evitan que éstos sean autosuficientes e independientes, y se encargan de hacerlos sentirse incapaces, inmaduros, inútiles, hasta irresponsables, así que tienes dos grandes tareas:

- Ya no dependas tanto de ella para las cosas cotidianas como son: tender tu cama, lavar tu ropa, servirte de comer, incluso hacerte la comida, y lavar los platos.

- Cumple en tiempo y forma tus compromisos con ella; si dices que regresas a determinada hora, no lo hagas veinte minutos después; si quedas de realizar algún encargo de mamá, realízalo tal y como te lo pidió.

Habla con ella sobre confianza, y comprométete a ser responsable, insístele que te de tu espacio. De no superarse este problema, deberán asistir a orientación profesional.

Me identifico como mamá sobreprotectora, lo curioso es que lo hago sólo con uno de mis tres hijos, con la de trece. A pesar de que le ayudo con su tarea, le cargo la mochila y hasta la peino por las mañanas, me insulta, me dice cosas ofensivas, dice que me odia, que la enfado, que soy "mata curas". Estoy desesperada, ¿cómo puedo dejar de sobreprotegerla sin que sienta que ya no es importante para mi?

El punto en el que debes trabajar, es cambiar tus falsas creencias; "entre más protejo más quiero", "mi hija es pequeña e indefensa", "sin mi, no llegará a ninguna parte". Cuando un padres actúa movido por este entorno de creencias, consigue en la mayoría de lo casos, un hijo berrinchudo, mal agradecido, demandante, grosero, intolerante, agresivo, que se cree merecedor de la atención de propios y extraños.

Comienza por entender el daño tan grave que le haces a tu hija, dale su espacio, no te adelantes a resolver sus necesidades, deja que ella venga y solicite las cosas de buena manera, y permite que sus malas decisiones le hagan pagar consecuencias.

No la peines, no le ayudes con la tarea, no le cargues la mochila, no le recojas el plato, no le tiendas la cama, no le escojas la ropa, en otras palabras no le resuelvas de más su vida.

Y anímate a soportar la frustración en ella, mientras vivan este proceso de desapego, todo esto no te hace una "mala mamá".

> *Tengo una niña rebelde a más no poder, tiene diecisiete años y hace lo que le da la gana, con decirle que el sábado pasado, le prohibí salir al cine con sus amiguitos y se fue en un descuido que me di, cuando regresó, me di cuenta que olía a licor, le pedí por favor que no lo volviera hacer, que eso me preocupa mucho. Con su papá no cuento, con eso de que trabaja demasiado mejor ni lo tomo en cuenta, prefiero lidiarla yo sola, la última vez que le pedí que interviniera sólo se limitó a decirme "vieja, si a ti no te hace caso, menos a mi". No se si le hicimos daño al haberle dado todo sin que lo pidiera, y a manos llenas.*

Generalmente cuando a los hijos "les damos a manos llenas y sin que nos lo pidan", les hacemos un grave daño. Desafortunadamente este caso no se resuelve con un par de consejos, se requiere de ayuda profesional para toda la familia; los padres deben desarrollar un liderazgo eficaz cuyo elemento principal sea la autoridad, ustedes deben adoptar un estilo de crianza formativo.

Su hija debe aprender a respetar las figuras de autoridad, y lo importante de vivir con responsabilidad, pero esto no viene solo, se requiere de una estructura formativa que a ustedes los padres les corresponde establecer.

Tomen ayuda profesional.

Nos preocupa que nuestro hijo de quince años, no quiera levantar su plato después de comer, no tienda su cama, y diga que no tiene porque hacer algo en casa. Se que hemos hecho mal por no exigirle, pero ¿cómo comenzar, es demasiado tarde?

Nunca es tarde para enseñar a los hijos a participar en los quehaceres y actividades por el bien común. Permítanme darles algunas recomendaciones:

- Siéntense a platicar con él e infórmenle que de ahora en adelante, tendrá la responsabilidad de cumplir los quehaceres asignados por ustedes, con ello, además de participar por el bien común dentro del hogar, estará fortaleciendo su carácter.

- Asígnenle un quehacer doméstico para cumplirlo diariamente, déjenle saber a detalle, cómo debe realizarlo, quizá requiera entrenamiento previo.

- Háganle pagar una consecuencia por no cumplir, pero que esta no sea retirarle un privilegio, ni cancelarle una salida previamente autorizada; la consecuencia puede ser un quehacer doméstico no ordinario.

- Reconózcanle su logro o avance, aunque este haya sido mínimo.

- Sean firmes y no abandonen la tarea enseñarle a su hijo, a cumplir normas, cuesta mucho trabajo en un inicio, pero vale la pena.

Sugiero que al principio, sólo sea una o dos reglas, y que no sean muy complicadas en su realización; lo que se busca es que su hijo experimente satisfacción, al darse cuenta de su capacidad de realizar quehaceres domésticos o cumplir reglas.

Como saber si mi hijo está siendo sobreprotegido por nosotros, es difícil darnos cuenta porque sólo tenemos uno, ya cumplió los doce. Mi esposo y yo, le toleramos casi todo, le damos lo que nos pide, y muy poco lo castigamos. ¿Qué podemos hacer para no afectarlo?

No se si su hijo esté siendo sobreprotegido ahora mismo, pero si se como son estos jóvenes, así que les daré una breve descripción, de las conductas que desarrolla un hijo al crecer en un ambiente protector excesivo:

- No desarrolla las capacidades básicas para ser socialmente funcional como son: compartir, trabajar en equipo, y respetar figuras de autoridad. Por eso las relaciones con amigos se vuelven conflictivas, incuso llega a tener muchos problemas con los maestros demandantes.

- No cree importante participar en labores domésticas, porque siempre hay quien las hace por él.

- No sabe someter sus impulsos, por eso no respeta normas ni límites.

- No sabe valorar posesiones simplemente porque no le costo nada tenerlas.

  Padres de familia, no les den a sus hijos todo lo que les pida, denles lo que necesitan, y anímense a tolerar el berrinche que les harán.

  Tenemos un hijo adolescente de quince años que es un mal agradecido con nosotros, le hemos dado lo que jamás imaginó tener, y cuando le pedimos que haga algo en casa, simplemente dice "no tengo ganas", pero eso sí, está al pendiente del último aparato electrónico que ha salido al mercado, para comenzar a exigirlo, además se molesta si no se lo compramos de inmediato. ¿Cómo resolvemos esto?

Primero, ya no le provean privilegios electrónicos de manera desmedida, dejen que disfrute los que tiene hasta cansarse de ellos, cuando les pida más, pregúntense a sí mismos ¿los necesita?

Segundo, reglamenten el uso de los privilegios, porque dejar que juegue sin límite, lo enfada, lo cansa, y lo pone de malas.

Tercero, demanden la realización de quehaceres domésticos, estos pueden ser desde sacar basura, aspirar la sala, limpiar la mesa después de comer, hasta limpiar el baño.

Cuarto, háganlo pagar consecuencias por cada regla no cumplida en tiempo y forma.

Cuando los hijos comienzan a vivir bajo reglas, y a realizar quehaceres domésticos, fortalecen su carácter y se vuelven agradecidos con lo que tienen. Así que manos a la obra.

LOS VIDEOJUEGOS Y EL INTERNET

"Puedes fortalecer tu fuerza de voluntad del mismo modo
que fortalecerías cualquier músculo, entrenándote."

Ana Muñoz

Hoy en día, trabajar y formar hijos es común; tanto papá como mamá están muchas horas fuera de casa, dejando sus hijos al cuidado de terceras personas; esta dinámica familiar lleva a muchos padres, a cometer el error de compensar su ausencia con la flexibilidad de límites, ausencia de reglas, y el otorgamiento de dispositivos electrónicos para su uso sin control.

Las consolas de videojuegos con sistema *live*, las *tablets*, las *laptop*, y los teléfonos inteligentes, son ahora la forma de mantener ocupados a los niños, arriesgándolos a experimentar consecuencias negativas inimaginables.

En el caso de las niñas, el problema se centra en el uso indiscriminado de la *tablet* o celular inteligente, las probables consecuencias: frustración y desesperación cuando no trae consigo su dispositivo electrónico; irritabilidad, sensación de desconexión y soledad cuando no tiene permitido usarlo; cansancio mental por la alta exposición, que no le permite una adecuada concentración para sus tareas escolares, u otras actividades.

En el caso de los niños, el problema se centra en la dependencia que desarrolla hacia los videojuego, uno de los intereses más dominantes, sobre todo cuando están entre los ocho y dieciséis años de edad, las consecuencias pueden ser: perdida de hasta treinta horas a la semana de su valioso tiempo; importante afectación de la interacción familiar y social, por el aislamiento al que se somete; estar "ausente", frustrado, y ansioso cuando no está jugado; afectación de la calidad de su alimentación porque o no come, o lo hace de prisa; perdida del interés por las actividades físicas, afectando potencialmente su organismo por el sedentarismo que experimenta.

No estoy en contra de los dispositivos electrónicos, al contrario, por ser parte fundamental de esta era tecnológica que nos ha tocado vivir, debemos ofrecerlos a los hijos, pero bajo un procedimiento que permita su uso responsable.

Estamos preocupados porque ahora en vacaciones, vemos a nuestros dos adolescentes muy metidos en videojuegos por internet, casi todo el día, ha sido tal su dedicación, que se han llegado a jugar toda la noche. No sabemos qué hacer.

Los videojuegos *online* son altamente adictivos por la particularidad de ser en tiempo real, y porque permiten que el adolescente viva a su corta edad, control y poder; en este tipo de videojuegos, la gratificación es demasiada porque están compitiendo con personas reales, no con una computadora.

Tratándose del periodo vacacional, tengan presente que las reglas se afectan, y el comportamiento tiende a salirse de control.

Por tratarse de una conducta altamente adictiva, les sugiero:

- Los *"desconecten"* un día a la semana, decrétenlo por ejemplo *"miércoles día sin internet"*.

- Reglamenten el tiempo de juego; las jornadas no mayores de una hora por evento, y que sean máximo tres eventos por día, mientras están en periodo de vacaciones.

- No permitan que jueguen después de las diez de la noche, afectarán su ritmo de sueño y no rendirán en sus actividades del día siguiente.

Tengo una hija de trece años, y la acabamos de sorprender viendo pornografía en la computadora, me frustré y le pegué, creo que hizo algo muy desagradable, y que le puede traer consecuencias cuando sea grande. Ahora no me dirige la palabra y amenaza con irse de la casa.

Aquí estamos frente a dos problemas, en primer lugar, la forma de disciplinar a un adolescente, esta nunca debe incluir malos tratos, abusos o golpes. La disciplina es un proceso de educar y formar, y se logra mediante el diálogo, la negociación, las normas y los límites; es un tema del que hablo ampliamente, en mi libro *"Padres con sentido común"*, léelo.

En segundo lugar tenemos la pornografía, sin embargo hay que tener en cuenta otros indicadores que deben estar presentes, para concluir, que se trata de un problema, esto lo puedes revisar asistiendo a orientación profesional.

Por lo pronto, comienza con meter en control el uso del internet; establece el tiempo permitido para estar "conectada", hazle saber las páginas o sitios no permitidos, y coloca la computadora en un lugar "público" de la casa, como el pasillo, la sala o comedor.

Cuando los adolescentes muestran demasiado interés por el sexo, recomiendo no permitir una computadora conectada a internet en su recamara, se le estaría favoreciendo una condición de riesgo.

Mi esposa y tu servidor traemos un dilema y buscamos ayuda para resolverlo, ¿los

videojuegos benefician o perjudican al adolescente?

Los videojuegos hoy por hoy, son uno de los principales medios de diversión y entretenimiento de los niños y adolescentes, son una maravilla de la tecnología, sobre todo los que permiten jugar a distancia con jugadores en cualquier parte del mundo.

Entre los beneficios:

- Estimulan la coordinación viso-motriz.

- Potencian procesos mentales como la atención, la concentración, la percepción visual, y la memoria.

- Favorecen el desarrollo de destrezas necesarias en la vida como la toma de decisiones estratégicas, el sentido común y la lógica.

En una descripción muy general, estos pudieran ser los beneficios para los jugadores de videojuegos, además de entretenerlos y divertirlos.

Por otro lado, estudios serios muestran consecuencias en los niños y adolescentes, al jugar videojuegos más de noventa minutos al día:

- Dificultad para comunicarse con su familia por la escasa convivencia.

- Aislamiento y escaso desarrollo social, aún estando acompañado de otros jugadores.

- Irritabilidad por la frustración que el mismo videojuego le provoca.

- Estimulación hacia la actitud violenta del jugador, por las tendencias agresivas de la personalidad del jugador, y la alta exposición a ellos.

- Disminución del desempeño académico, debido a la pérdida del valioso tiempo que pudiera ser empleado en la realización de tares escolares.

- Desarrollo de una fuerte tendencia a la tecno adicción.

Estimados padres, los videojuegos tienen muchísimas ventajas para el desarrollo de los hijos, sin embargo es muy fácil que se salgan de control, recuerden esta frase "nada en exceso, todo con medida".

Estoy preocupada por mi hijo de dieciséis años, se la pasa toda la tarde metido en los videojuegos. Cuando llega de la escuela, come y hace su tarea, y ya está listo para irse a su recámara a jugar, no lo vuelvo a ver hasta las diez de la noche que le pido baje a cenar. Tiene pegados en la pared carteles de su videojuego favorito, y sólo platica de eso con su único amigo, ahora ya está esperando la nueva versión para comprarla. ¿qué le está pasando a mi hijo?

Los jugadores de videojuegos están clasificados en tres grupos, en relación al tiempo de exposición, y a la actitud frente a los videojuegos:

- El primero y más grande grupo lo conformas los jugadores habituales; ellos no pasan más de 12 horas a la semana videojugando; es un pasatiempo más, y no tienen grandes metas a lograr como jugadores, simplemente pasarla bien.

- El segundo grupo es el de los *"Gamer's"*; son video jugadores apasionados, dedicados, y que emplean entre veinticinco y treinta horas a la semana para jugar. Este grupo tiene como características principales: ser fanáticos del videojuego, desarrollar talento o habilidad suficiente para dominar totalmente el videojuego, y pasar mucho tiempo explorando a conciencia los video tutoriales que se encuentran en internet.

- Por último, los adictos a los videojuegos; estos jugadores pasan más de treinta horas a la semana en los videojuegos, ellos han desarrollado demasiada tolerancia a videojugar; prácticamente por su baja capacidad para controlar sus impulsos, no pueden dejar de jugar por voluntad propia, tienen que ser forzados a dejar de jugar; les esconden los cables y controles, hasta el *modem* se tiene que llevar papá. Los adictos a los videojuegos, entran en un estado de ansiedad que los hace irritables en extremo, cuando no están video jugando, la razón es simple, para ellos jugar ya no es una diversión sino una necesidad; cuando llegan a algún lugar, preguntan de inmediato por la contraseña del *"WIFI"* para ponerse a jugar; en cada espacio ven una oportunidad para sacar su dispositivo portátil y continuar. Estos video jugadores, necesitan ayuda profesional especializada para salir de su adicción.

Estimada madre, tu hijo es un *"Gamer"* y requieres de ayuda para meter en control, lo que el día de mañana pudiera convertirse en adicción.

> *Somos padres de un niño de cuatro años y a tan corta edad, ya entiende cómo moverle a los videojuegos de su hermano. Me impresiona que ahora los niños estén tan despiertos a la tecnología. ¿Qué debemos saber para que los videojuegos no sean un problema?*

Por lo menos hay tres cosas importantes a saber, y así evitar serios conflictos a sus hijos en relación al uso de los videojuegos:

- La clasificación; es muy importante que compren videojuegos aptos para la edad de sus hijos, en alguna parte del empaque o estuche, van a encontrar la leyenda *Early Childhood* (EC) 3+, esto quiere decir que es apto para niños de tres años en adelante, así tenemos también que hay los *Everyone* (E) 10+, aptos para niños de diez años en adelante, los *Teen* (T) 13+, aptos para adolescentes de trece años en adelante, y los *Mature* (M) 17+, aptos para jóvenes de diecisiete años en adelante.

- El tiempo de exposición; noventa minutos al día, no representan riesgo alguno.

- La restricción; uno de los factores de riesgo es el uso de dispositivos o mini-consolas portátiles, porque permiten jugar donde sea, y a la hora que sea; aquí es importante reglamentar su uso, por ejemplo no permitir jugar con estos dispositivos a la hora de comer, o cuando están haciendo la escuela.

Estimados padres, si por lo menos toman en cuenta estos tres aspectos básicos, estarán asegurando que los videojuegos no se conviertan en problema para sus hijos.

> *Somos padres de una niña de casi once años, que no nos obedece cuando le decimos que es hora de salirse de su red social, pasa horas y horas haciendo comentarios a todo lo que se le antoja, agrega a personas desconocidos sólo porque cree que así es más popular, realmente estamos preocupados por ella y no sabemos cómo hacerle entender los peligros en los que se está metiendo. ¿Cómo le puedo ayudar?*

Desde la toma de decisiones inadecuadas, las faltas de respeto hacia ustedes, hasta la falta de autocontrol sobre la red social e internet, es consecuencia de no estar preparada para hacerle frente a la cantidad de estímulos que las redes sociales ofrecen.

La ayuda que ella necesita se limita a darle tiempo para crecer y, y hasta entonces estará lista para tener una cuenta en una red social, no a los diez años.

Son ustedes los que quizá requieran más orientación:

- Mejoren su nivel de autoridad para que en casa, sean los hijos los que obedezcan, y no los padres.

- Estén actualizados en cuanto a tecnología se refiere, hay padres que no saben ni el nombre del dispositivo que les están comprando a sus hijos, mucho menos cómo funciona.

- No tengan miedo o culpa al reglamentar el uso de estos dispositivos.

- No atiendan las demandas sobre privilegios o placeres de sus hijos, sólo porque *"todos lo hacen"* o porque *"todos ya lo tienen"*.

Padres de familia, los menores de catorce años aún no están listos para manejarse responsable con *Facebook, Twitter, Instagram, y* demás redes sociales que seguramente están por salir.

> *Tenemos un jovencito de trece años, que tiene al internet como lo más importante de su vida; hace unos días nos dijo "ya no necesito ir a la escuela, con el internet lo sé todo", dice que ahí está todo lo que necesita saber. Claro que esto nos asustó porque somos padres con poca experiencia en internet, por favor oriéntenos.*

Estimados padres, internet ofrece acceso a una cantidad infinita de información a través enciclopedias, artículos especializados, bibliotecas virtuales y otros materiales de muchísimo valor.

Internet permite formas de interactuar con otras personas por medio de redes sociales y salas de *chat*.

Internet también es un medio fabuloso, para el entretenimiento en general, por ejemplo permite video-jugar a distancia con otros jugadores, ver películas, escuchar música, etc.

El internet es bueno en manos de niños y adolescentes que están bajo supervisión paterna, de lo contrario, es un potencial riesgo del que se pueden lamentar en el corto tiempo, porque no todo lo que se lee o ven en internet, es información confiable y segura.

www.ingramcontent.com/pod-product-compliance
Lightning Source LLC
Chambersburg PA
CBHW061300280526
45784CB00002B/835

La adolescencia, es un período de desajuste emocional, una etapa de desarrollo de nuevas habilidades, y un tiempo de toma de decisiones importantes; el joven experimentará un estado de ánimo cambiante, su irritabilidad saldrá a relucir, y se mostrará muy poco tolerante con sus padres. En medio de esta dinámica tan intensa, adoptará comportamientos inadecuados que se deberán resolver de inmediato.

Este libro te dice qué hacer y qué no hacer, en aquellos momentos críticos en donde una decisión acertada, es básica para la solución del conflicto.
¡Pregúntale al psicólogo! Es resultado de 26 mil horas de consulta clínica con adolescentes y padres, información valiosísima presentada en una dinámica de preguntas y respuestas.

"La duda, es el principio de la sabiduría."
Aristóteles

Acerca del autor:
Gabriel Bello es un psicólogo comprometido con la funcionalidad de las familias, pero con especial énfasis en aquellas en las que hay adolescentes. Se ha formado profesionalmente como psicólogo clínico, especializándose en Psicología del adolescente y en Educación, con el propósito de brindar apoyo en los diversos problemas que se presentan, en tan maravillosa etapa del desarrollo.
Su orientación psicoterapéutica es Cognitivo-conductual, y Breve-estratégica.

ISBN 978-1-4633-9351-9

51395

9 781463 393519